상명대학교 14인의 교수가 말하는

감동을 주는 수업

박영story

상명대학교 14인의 교수가 말하는

감동을 주는 수업

상명의 감동을 주는 교육을 말하다

"감동을 주는 수업" 출간에 맞춰, 우리 대학의 교육 방향에 대한 백웅기 총장님의 생각을 인터뷰 형식으로 담았습니다.

이현우 센터장 책자를 발간하면서 대학교육에 대한 총장님의 생각을 더 들어볼 수 있는 기회라고 생각되어 이렇게 인터뷰를 진행하게 되었습니다. 사전에 드린 초고를 저희보다 더 꼼꼼하게 읽으신 것 같습니다.

백웅기 총장 네, 제가 워낙 이 분야에 대한 관심이 많아서 주신 원고도 열심히 읽고 공부했습니다. 보시는 것처럼 밑줄도 그어서 표시도 하고, 생각나는 것들을 적어보기도 했고요. 읽으면서 제 나름대로 '감동을 주는 교육'에 대한 정의도 해보게 되었고, 각 사례들로부터 열 가지 공통점도 발견하게 되었습니다. 책을 읽으면서 학생들이 각 강의를 어떻게 느끼는가도 잘 알 수 있었고, 그래서 어떤 부분에서 감동을 느끼는가를 고민하게 되었습니다. 교수에게 직접 내가 어떤 부분에서 감동을 주고 있다고 생각하는가를 말하라고 하면 참 어려운 이야기인데, 학생들에게 이야기를 하라고 하면 정확하게 그 부분을 이야기 할 수가 있기 때문에 학생들의 이야기를 담은 부분이 감동을 주는 교육을 이해하는 데 큰 도움이 되었습니다.

: 교육에서의 감동이란?

윤나리 연구원   그렇다면, 총장님께서는 '감동을 주는 교육'에 대해서 어떻게 정의를 하고 계신가요? 평소에 생각을 하셨던 것들이나 이 책을 통해서 정리해보신 내용으로 말씀해주셔도 좋을 것 같습니다.

백웅기 총장   '감동을 주는 교육'이라고 해서 많이 고민했습니다. 음악이나 예술작품을 통해서는 감동을 말할 수 있겠지만, 강의실에서 감동이 온다고 하면 어떤 것들을 통해 오는 것일까 하는 고민을 하게 되었습니다. 뮤지컬이나 영화를 보면서 감동을 느낀다는 것은 쉽게 이해가 가지만 지식을 전달하는 강의실 현장에서 감동이라는 것은 어떤 것인가... 감동은 머리가 아닌 마음의 움직임이잖아요? 결국 학생들의 마음을 움직여야 하는 것이 아닌가 먼저 생각해보게 되었습니다. 쉽게 말하면 '감동을 주는 교육'이란 마음을 움직이는 교육이라고 생각합니다. 하지만 학생들의 마음을 움직이는 것은 단순히 지식을 전달하는 것에서 오지 않을 것이라는 생각이 들었습니다. 학생들이 지식을 전달받는 것은 뇌가 움직이는 것이고, 그것은 가슴으로 받아들이는 것이 아니지요. 감동이 오는 경로는 다양하겠지만, 일차적으로 마음이 움직이는 것은 뭔가 교수님과 나와의 사이에서 '관계'라는 것이 만들어져야 가능한 것이라는 생각이 들었습니다. 관계를 통해서 뭔가가 전해질 때 감동이라는 것이 생기는 것입니다. 교수님이 나의 학습에 관심이 있고, 나와 무엇인가 의미 있는 것들을 하고 있다. 그것을 위해서 교수님이 열정적으로 교육을 해주고 있다라는 느낌이 전달되어야 학생들이 감동을 받는 것이지요. 이 책을 읽어보면 여러 교수님들이 학생들의 이름을 기억한다는 말이 나옵니다. 그게 굉장히 중요한 출발점이라고 생각을 합니다. 이런 면에서 '감동을 주는 교육'이란 교육현장에서 전인격적인 교육이 이루어져야 한다고 생각합니다. 다시 말해 교수님이 나의 지성과 인성 뿐 아니라 덕성의 함양에도 관심을 가지고 있으며, 이를 위해 열정을 가지고 있다는 점을 깨

닿게 해준다면 감동을 주는 교육이 된다는 것입니다. 물론 강의실이나 학생 수 등의 많은 물리적 제약조건들이 있어서 학생 개개인과 유의미한 관계를 만들어 나간다는 것이 쉽지는 않겠죠. 저 역시 나이를 먹으면서는 대형 강의실에 있는 학생들을 다 기억한다는 것이 쉽지는 않았습니다. 그런데, 이 책자에 나오는 많은 교수님들은 그것을 한다는 것입니다. 출석부를 먼저 받으면 학생들의 이름을 외우고, 기억하고… 그 부분부터 저는 감동을 받았던 것 같습니다.

: 이 책을 바라보는 관점

이현우 센터장   이 책을 출간하면서 교수님들을 선정하는 것이 쉽지는 않았습니다. 나름의 기준은 최근 3년간 강의평가에서 최우수 강의상을 두 번 이상 수상하신 교수님들을 소개하고자 하였습니다. 사실 이 책을 만들면서 고민스러웠던 부분 중에 하나가, '다양한 교과, 다양한 학습상황에서 어느 한 방법이 좋다'라고 몇 가지 사례를 가지고 일반화하기에는 어려운 점이 많은 것이었습니다. 그럼에도 불구하고 교수님들께 조금이라도 도움을 드리기 위해서 이렇게 학생들이 선호하는 우수 사례집을 내게 되었는데, 교수님들이 이 책을 어떤 관점에서 보시면 좋을까요?

백웅기 총장   말씀하신대로 교수님들마다, 강의마다 다양한 교수법을 가지고 계실 것이라고 생각합니다. 강의법은 14인 14색이 될 수 있기 때문에 이 책을 보실 때에는 모범사례를 통해서 벤치마킹을 하여 자신에게 가장 잘 맞는 최적의 교수방법을 개발하는 데 활용한다고 생각해주시면 좋을 것 같습니다. 일종의 '레시피 북'이라고 생각을 하시면 어떨까 싶습니다. 나의 교수방법을 한번쯤 점검해보고 조금이라도 개선하고 보완하고자 하는 부분을 발견하고 다양한 개선 아이디어를 적용할 수 있도록 도움을 주는 자료집으로 보아주시기를 바랍니다.

: 감동을 주는 교육의 열 가지 공통점

윤나리 연구원   레시피라니 참 좋은 것 같습니다. 집밥 백선생이라는 TV프로그램을 보면 우리가 기존에 알고 있는 다양한 요리법을 활용하여 자신만의 레시피를 만들기도 하는데, 교수님들께서도 다양한 사례에서 아이디어를 활용하셔서 더 좋은 사례들을 만들어 가시면 좋겠네요.

백웅기 총장   그렇습니다. 우리가 요리책 보면 그대로 따라 한다기보다는 그 책을 바탕으로 자신의 레시피를 또 만들잖아요. 재료를 추가해보기도 하고 간도 자신의 입맛에 맞게 조정도 하듯이 그렇게 조정을 해나가면 좋을 것 같습니다. 여기 수록된 열네 분 교수님들의 사례도 보면 다 다르다는 것을 알 수 있습니다. 공정성이나 수업 효과성을 생각해서 동료평가를 하시는 분들도 있지만, 학생들의 팀워크를 위해서 안 하시는 분들도 있듯이, 여기 나오는 사례들을 자신의 수업목적에 맞게 활용하시면 좋을 것 같습니다. 그럼에도 불구하고 저는 이 사례들에서 공통적으로 발견되는 부분을 묶어서 열 가지 정도로 확인해볼 수 있었습니다.

윤나리 연구원   열 가지요?

백웅기 총장   네. 일단 가장 두드러지는 공통점은 학생들이 스스로 공부하도록 만든다는 것입니다. 교수님이 일방적으로 강의를 하시기보다는 학생들이 스스로 공부를 하게 한다는 것인데요, 소위 플립러닝과 같이 수업 전에 동영상을 미리 보게 한다거나, 수업 이후에 연속적으로 과제를 진행하도록 한다거나 그런 방법들을 통해서 학생들이 스스로 학습활동을 하도록 만든다는 특징이 있습니다. 그리고 둘째, 학생들 스스로가 쉬운 수업이라는 생각은 들지 않지만 배우는 것이 많다고 느낄 수 있도록 도와주는 것입니다. 배우는 게 많아질수록 사실 그렇게 느낄 수도 있겠죠. 처음에 학생들은 무엇인가를 많이 해야 하는 수업이 부담스럽고 어렵다고 느끼지만, 그 속에서 스스로 학습하고 교수자와 상호작용을 하면서 성장한다는 것을 느끼고, 그에 대해서 보람을 느낀다는 것을 알 수 있습니다. 들으면 무엇이라도 남길 수 있는 수업, 그런 수업이 학생들에게는 유익한 수업이라고 인식되는 것으로 보입니다. 셋째, 학생의 눈높이에 맞추어서 단계적으로 성장할 수 있도록 하는 수업입니다. 굉장히 고난도의 수업만 하는 것이 아니라 학생들의 수준과 학습상황을 고려하여서 그에 맞는 수업진행과 피드백을 제공해준다는 점입니다. 일반적인 강의가 아니라 프로젝트형 수업을 진행하게 되는 경우에는 학생들에 대한 개별적인 코칭이 더욱더 수월하게 이루어질 수도 있을 것이라는 생각이 듭니다. 넷째, 부분보다는 전체를 이해하는 데 중점을 두고, 학생들이 자신이 배우는 전체 그림을 그려보고 현재 자신의 위치를 수시로 확인하게끔 해준다는 것입니다. 꾸준히 자신이 있는 위치를 알 수 있도록 하는 것이 중요하다는 것을 알 수 있습니다. 다섯째, 실용적인 내용을 담아서 사례 중심으로 수업이 진행되는 것, 여섯째, 수업방식이 프로젝트와 토론, 협업을 중심으로 강의가 병행되어야 한다는 것입니다. 그리고 그 다음 일곱 번째 공통점으로는 학생들의 문제해결능력을 높이기 위한 수업이 진행되며, 학생들과 교수 간에 질문이 많이 오가는 수업이라는 것입니다. 여덟 번째, 수업 전에 짧막한 복습시간이 있다는 것도 공통적인 특징이었고, 아홉 번째 채점 기준이 명확하게 제시되어 학생들이 자신이 받은 성적이 공정하다고 생각한다는 것입니다. 저는 이 부분이 참 중요하다고 생각합니다. 학생들 스스로가 자신이 왜 A이고 B인지를 명확하게 예상할 수 있고 수긍할 수 있도록 한다는 것이 참 중요하다는 생각이 들었고, 이 점이 강의평가 점수와도 많이 연결된다는 생각이 들었습니다. 그리고 마지막으로, 수업 외에도 학생들과 교수 간 상호작용이 많다는 것입니다. 교수가 학생들의 이름을 알고 있고, 사정을 알고 있고 그래서 항상 상담이 가능한 관계를 형성한 것이 특징입니다.

이현우 센터장	끝으로 이 책을 통해 대학 구성원에게 조금 더 전달하고 싶으신 사항이 있으시면 말씀해주시기 바랍니다.
백웅기 총장	최고의 강의법이 있다고 생각하지는 않지만 원리는 있는 것 같습니다. 감동을 주는 강의의 중심에는 교수가 있는 것이 아니라 학생이 있어야 합니다. 무대의 중심에 교수가 서 있다면 그 강의는 이미 실패한 것이나 다름 없습니다. 교수는 경기장의 코치와 유사한 역할을 하고 선수인 학생들의 역량을 최대한 끌어올려주어야 할 것입니다. 이런 마음의 자세로 열정과 의지만 있으면 누구나 감동을 주는 교육을 할 수 있다고 봅니다. 이 책에는 7-8년 전까지만 해도 일방적으로 강의만 했던 분이 지금은 완전히 교육방식을 바꾸어서 최우수 교수로 거듭난 경험도 수록되어 있었는데, 한번쯤 읽어보시지 않으시겠습니까?

2018년 8월

상명대학교 총장 백 웅 기

|차 례|

오 세 원

학생의 성장을 돕는 "체계적인 수업"

이 전 익

학생들과 함께 호흡하는 "소통하는 수업"

학생의 삶과 연계된

"현장중심 수업"

서

은

숙

SEO EUNSOOK

한국은행 금융경제연구원
한국증권연구원(현, 자본시장연구원) 연구위원 역임
2007년 상명대학교 부임
(현) 경영경제대학 경제금융학부 교수
　　　경영대학 학장 및 경영대학원장
　　　상명대학교 기획처장
　　　통계청 국가통계위원
　　　해양수산부 민간투자사업 심의위원회 위원
　　　기획재정부 경제교육관리위원회 위원

미래의 나침반이자
오늘의 동반자로
함께하는 교수

"명쾌하고 깔끔하다.", "힘들지만 배우는 것이 많은 강의이다.", "학생들의 성장에 함께해 주신다." 서은숙 교수의 수업을 들은 학생들이 남긴 말이다. 무엇이 명쾌하고 깔끔하다는 뜻일까, 얼마나 힘들지만 많이 배운다는 것일까? 그 해답은, 학생들과 만나는 첫날부터 시험지를 제출하고 나가는 마지막 날까지, 배움의 과정을 레고 블록처럼 잘 쌓아갈 수 있도록 가이드를 제공하고 진단하는 서은숙 교수의 섬세한 배려에 있었다.

서은숙 교수는 한 단계 더 나아가, 학생들이 목표를 이룰 수 있도록 수시로 함께 점검하고 부족한 점을 보완하는 '퍼실리테이터(facilitator)'로서 노력을 아끼지 않는다. 이 목표 달성은 수업으로만 그치지 않는다. 학생들이 졸업 후 어엿한 사회인으로서 필요한 역량을 충분히 갖출 수 있도록 자신이 직접 경험한, 그리고 이미 졸업한 선배들이 직접 겪고 있는 사회의 많은 이야기들을 학생들과 공유한다. 대학 생활에서 학생이 밟아 나가야 하는 단계들을 길을 잃지 않고 순차적으로 밟아 나갈 수 있도록 돕는다. 수업에서 이러한 경험들을 담아 실제 직무와 닮은 시나리오들을 제공한다. 학생들이 전공 분야에서 실제로 수행하게 되는 업무를 졸업 전에 미리 경험하고 준비할 수 있도록 하려는 의도이다.

학습에는 나침반이 필요하다

　　학생들이 대학 생활 시 늘 중요하게 여기는 의문은 바로 '수업에서 내가 무엇을 해야 하는지', '성적을 낼 때의 기준은 무엇인지'이다. 자신이 수업을 통해 얻을 수 있는 것들, 도달해야 하는 학습 목표, 그 학습 목표를 이루기 위한 수업 내용과 활동, 그리고 수행한 것들에 대한 평가, 이 모든 요소를 꿰뚫는 일관성과 공정한 기준이 있을 때, 결과에 수긍할 수 있다는 뜻이기도 하다. 이러한 일관성이 있어야만 수업 전반의 과정과 그 과정을 이끄는 교수에 대한 신뢰로 이어진다.

　　수업 시작 단계에서부터 학생들에게 수업 전 과정에 대한 청사진을 먼저 제공해 이러한 일관성을 분명히 설명하고, 학기 중에는 그 청사진이 제대로 실현되고 있는지 수시로 점검한다. 그 방향에 대한 확신이 서면, 학생들은 강요하지 않아도 자연스럽게 수업에 성실히 임하고, 그 과정을 잘 치르기 위한 계획과 전략을 스스로 고민한다.

> ❝수업 첫 시간에는 전체 과정의 청사진을
> 　　　　구체적으로 공유하는 것이 가장 중요합니다. ❞

주요 교과목은 무엇이 있고, 주로 어떻게 구성이 되어 있나요?

　　　　　　　　　　　　저는 1~4학년을 전체적으로 맡고 있고, 주요 강의는 '경제학원론, 국가자본시장론, 자산운용과 투자전략, 경제금융세미나'입니다. 경제학원론은 1학년을 대상으로 하는 수업이고, 국제자본시장론, 자산운용과 투자전략 및 경제금융세미나 등은 3~4학년을 대상으로 하는 수업입니다.

　　수업마다 조금씩 다르기는 한데, 국제자본시장론의 경우에는 주로 팀 활동을 통한 프로젝트 준비 및 발표 위주로 진행하고 있습니다. 15주차 중 마지막 두 주는 항상 팀프로젝트 중심의 프로젝트 발표가 있다고 생각하시면 됩니다. 이 프로젝트는 주로 기업분석이라던가, 다양한 금융상품을 선정해서 발표하는 내용으로 구성되고, 발표팀마다 토론팀을 매칭해서 패널토론을 하는 형태의 수업을 진행합니다. 실제로 졸업 후 학생들이 금융권에 취업을 하게 되면 금융상품들을 고객에게 소개해야 하고, 또 상품의 기본적인 형태를 이해하고 있어야 새로운 금융상품에 대한 아이디어도 제시할 수 있기 때문에 금융상품 분석은 매우 중요하다고 생각합니다. 뿐만 아니라 자금을 공급하는 은행이나 증권회사의 측면에서 기업의 현 상태를 정확히 분석해야 질이 높은 정보를 얻을 수 있기 때문에 이러한 분석을 학생들 스스로 직접 해 보는 것이 매우 중요하다고 생각합니다.

주차별로 운영하는 방식이나 구성에 대해 말씀드리자면, 저는 수업 중 20%는 토론으로 진행하거나 제가 제시하는 문제에 대해서 해답을 찾아보는 활동으로 구성합니다. 제가 담당하는 수업이 보통 3학점인데 수업 내내 강의만 하지는 않습니다.

경제학원론의 경우에는 한 달에 한 번 '신문 스크랩 데이'라는 활동을 진행하고 있습니다. 종종 학생들 스스로 흥미로운 기사를 선정하고 이에 대해 분석한 내용을 e-campus에 올리게 합니다. 그 중에서 잘 쓴 기사보다는 흥미로운 기사를 선정하여 분석해낸 학생들을 두세 명 정도 선정해서 '신문 스크랩 데이'에 10분 정도 발표를 하게 하고 또 다른 수업 참여자들과 질의응답 시간을 갖기도 합니다.

한 학기 강의를 진행하실 때 가장 중요하게 생각하는 부분은 무엇입니까?

저는 강의 첫날이 제일 중요하다고 생각합니다. 첫 시간에 한 학기 동안의 모든 주차의 수업 구성을 설명하고, 학생들이 한 학기 동안 수업 시간에 해야 하는 활동과 그에 대해 평가방식에 대해 구체적인 가이드라인을 전달하려고 최선을 다합니다. 보통 보고서를 제출하는 경우 학생들이 가장 궁금해 하는 부분은 평가에 대한 기준이고 따라서 어떤 기준으로 성적을 받을 수 있는지 명확한 기준을 구체적으로 제시해주어야 한다고 생각합니다. 첫 시간에 보고서에 대한 평가기준을 제시해서 학생들이 어떤 기준에 따라 보고서를 작성하고 제출해야 하는지 계획을 세울 수 있도록 합니다. 예를 들어, 제가 하는 수업 중 '국제자본시장론'이라는 과목이 있는데, 이 수업에서는 학생들이 학기가 끝나기 한 달 전부터 미리 정해진 일정에 따라 팀별 발표를 하고, 최종 보고서를 제출하도록 되어 있습니다.

이 프로젝트를 진행하기 전에 저는 학생들에게 '보고서 몇 점, 팀 발표 몇 점, 참여도 몇 점, 출결 몇 점' 등 성적이 어떤 식으로 매겨지는지를 설명하고, 보고서 채점 요소는 무엇인지, 참여도는 어떤 방법으로 채점하는지 등에 관한 사항을 구체적으로 정리하여 미리 전달합니다. 꼭 들어가야 할 지식이라든지, 평가방법은 어떻게 이루어지는지 등을 말해주면, 학생들은 한 학기 동안 자신이 무엇을 해야 하는지, 무엇을 유의해야 하고, 어떤 요소들을 보고서 작성 시 포함해야 하는지에 대해서 명확한 그림을 그리고 수업에 참여하게 됩니다.

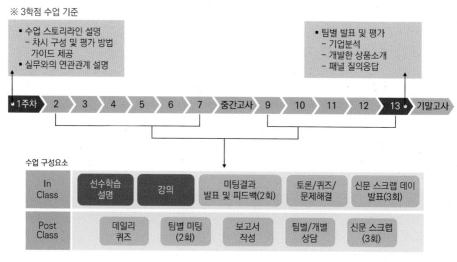

━━━ 서은숙 교수의 강의 구성(예시: 국제자본시장론)

학년별로 학생들의 역량이나 수준은 어떻게 설정하시나요? 이에 따라 수업 내용이나 학습활동의 방향이 달라지나요?

네, 학년별로 조금 차별화해서 설정을 합니다. 흔히들 3~4학년이 될수록 전문지식이 중요하고, 1학년의 경우에는 다양성 존중이나 타인과의 소통, 협력과 같은 것들이 중요하다고 하는데, 반대로 저는 3~4학년이 될수록 후자가 더 중요한 것 같습니다. 물론 전문지식은 학년이 올라갈수록 더 심화되어야 하지만 인성이나 문제해결력과 같이 사회생활과 관련된 역량도 전문지식 수준과 마찬가지로 제고되어야 한다고 봅니다. 우리가 캡스톤 디자인 등의 활동을 하는 것은 전문적인 지식에 기반을 두고, 주어진 프로젝트의 문제들을 해결하는 가운데 팀 활동의 방법을 배우고 중요성도 인식하게 될 것이라는 기대 때문이잖아요. 저는 3~4학년의 수업을 통해 그런 역량들을 키울 수 있는 수업 내용과 수업 방법을 기획합니다.

사실 1학년의 경우에는, 기초적이고 일반적인 내용의 전문지식을 습득합니다. 따라서 보다 구체적으로 방향을 제시해서 학생들이 스스로 공부해야 할 내용들을 어렵지 않게 접근하고 또 본인들만의 다양한 방식으로 문제를 해결하도록 도와주려고 노력하고 있습니다. 예를 들면, 토론을 시작할 때나 발표를 할 때도 아주 기초적인 것들, 이를테면 앞에 나와서 자신의 이름을 소개하는 방법부터 가르치기도 합니다. 그리고 그런 것들이 실제로 왜 중요한지도 설명을 해줍니다.

> 66 수업의 '스토리 라인'을 가장 중시하며,
> 학생의 목표와 현재 위치를 수시로 점검해 줍니다. 99

학생들에게 명확한 청사진을 보여준다고 말씀하셨습니다. 그런 내용은 강의 첫날에만 하시는 것인가요?

아니요. 저의 경우에는 항상 학생들이 지금 어디쯤 와 있고 우리가 무엇을 하고 있는지, 그리고 앞으로 무엇을 하기 위해 이런 지식들을 배워야 하는지를 알려줍니다. 보통 학기 초에 명확히 방향을 제시해 주는 수업은 팀별 과제를 제출해야 하는 경우인데, 아예 학기 초에 '학기 중 팀별로 2회에 걸친 미팅을 언제 진행할 것인지'를 모든 팀들이 일정을 작성하게 하고, 또 발표 일정도 미리 정합니다. 사실 이런 팀별 과제의 경우 학생들이 제출 전 며칠간 모여서 급하게 보고서를 작성하는 경우가 많은데, 아예 학기 중 2회의 미팅을 통해 본인들이 어디까지 프로젝트를 진행하고 있고 방향이 맞는지 틀린지에 대한 것을 점검해줍니다. 학생들은 이 팀별 미팅 전에 보고서를 일부분이라도 작성해서 제출해야 하고, 저에게 다양한 질문도 할 수 있는 기회를 가질 수 있으므로 보고서의 질이 많이 개선이 됩니다.

제가 가장 중요하게 생각하는 것이 바로 '스토리 라인'인데, 학생들에게 한 학기 수업에서 뿐만 아니라 학년별로도 지금 어디에 있고, 지금 하려는 것은 무엇이고, 그것이 왜 필요한지에 대해서 이해하는 작업이 이루어져야 학생들에게 동기부여가 된다고 생각합니다. 학생들은 내가 무엇을 배우고 있는지가 항상 궁금하기 때문에 매 차시마다 계속해서 인지할 수 있도록 도와주고 있습니다.

수업은 어떤 식으로 진행하나요?

학생들이 발표하고 토론하는 시간 이외의 수업은 강의식으로 진행을 합니다. 예를 들어, 금융상품에 대한 지식이 필요하다면, 이를 이해하기 위해 하나의 금융상품을 명확히 분석하기 위한 기본적인 지식이 필요하기 때문에 그런 토대가 되는 지식에 대해서는 제가 직접 설명합니다. 하지만 학생들이 다소 이해하기 어렵고 복잡한 문제가 발생하면, 관련된 문제를 하나 제시하고, 20-30분 동안 혼자서 해결하게 하는 시간을 갖습니다. 이때는 사전에 정보를 주지 않고 강의실 밖으로 나가는 것도 허용해 주고 인터넷 등을 활용해서 검색도 해볼 수 있도록 합니다. 그리고 그 해결한 결과물을 수업 시간에 발표를 하도록 하는데, 이 과정에서 학생들은 자신이 실수할 수 있는 부분, 예를 들어서 펀드수익률을 고시할 때 놓칠 수 있는 것들이나 문제가 발생할 수 있는 부분들에 대해서 확실하게 알게 됩니다. 그렇게 하고 수업을 진행하면, 꼭 알아야 하는 지식들에 대한 분별력이나, 실생활에서 쓰이는 활용 사례들로부터 동기부여를 받기 때문인지 학생들이 집중하는 것이 느껴집니다. 이런 활동을 할 때에는 발표하는 팀에 추가 점수를 별도로 부여합니다.

수업자료는 주로 어떤 내용으로 준비하시나요? 토론 주제에 대해서는 어디서 주로 아이디어를 얻으시는지도 궁금합니다.

학생들이 많이 헷갈려 하는 이론에 대해서 준비하기도 하고, 신문기사에서도 아이디어를 얻습니다. 1학년이 수강하는 경제학원론 수업의 경우에는 특히 학생들이 신문을 읽고, 분석할 줄 아는 능력을 키우는 것이 중요하다고 생각하기 때문에, 그 주제에 해당하는 신문기사를 보여주고 학생들에게 토론을 많이 시킵니다.

그리고 동영상 자료도 가끔 활용하는데, 주로 EBS의 '지식채널e'라는 프로그램의 자료를 많이 활용합니다. 그 동영상에는 경제학 분야를 따로 담은 시리즈가 있는데, '경제학을 왜 해야 하나'라는 질문에 대한 내용에서부터 개념에 대한 설명까지 다양한 사례들이 나오고, 실제 활용한 사례들도 나옵니다.

앞에서 스토리 라인에 대해 말씀하셨는데, 학생들의 진도상황에 관해서는 언제 체크해서 설명을 해주시나요?

미국 드라마를 보면 지난 드라마 내용의 3회 정도 되는 분량을 한꺼번에 묶어서 중요한 장면을 중심으로 빠르게 리뷰를 해주잖아요? 그게 학생들의 머릿속에 한 번 그려지고 나면 그 날의 수업과 어떻게 연결이 되는지를 이해할 수 있기 때문에 그 다음의 설명도 쉬워집니다. 그래서 저도 지난 시간에 배운 내용에 대해 중간중간 설명하려고 합니다. 매주 하지는 못하더라도 2~3주에 한 번씩 우리가 전체 수업에서 어디까지 왔는지를 설명하고, 항상 단원이 끝나면 거기에 대한 코멘트를 정리해주고, 그 다음 수업을 진행합니다.

퀴즈나 학습 자료를 많이 제공하시는 편인 것 같습니다. 학습 자료에 대한 관리는 어떻게 하고 계신가요?

저는 e-Cam-pus를 많이 활용하고 있습니다. e-Campus에 미리 자료나 퀴즈 같은 것을 많이 올리고 있고, 학생들이 신문 스크랩을 올리고 댓글을 다는 작업도 e-Campus에서 합니다. 경제학원론의 경우 퀴즈를 자주 활용하는데 단원이 끝날 때마다 퀴즈를 5개씩 제시하고, 숙제homework 대신 가볍게 하기 때문에 저와 학생들 모두 편한 것 같습니다. 퀴즈는 시간을 정해 놓고 참여를 하도록 하고 있는데, 만약 시간 내에 불가피한 사정으로 못하게 되는 경우에는 참여를 할 수 있게 해달라고 요청하는 경우에만 기회를 더 줍니다. 새로 정해 놓은 시간에는 꼭 그 약속을 지켜야만 점수가 부여됩니다. 학생들은 퀴즈를 풀고 나서 자신이 몇 점

——— 연구실에서 서은숙 교수의 모습

을 받았는지 궁금해 하기 때문에 그 다음 시간에 바로 퀴즈 결과를 보여주고, 왜 맞고 틀리는지를 간단하게 설명해줍니다. 번거롭다고 느낄 수도 있는데 매일 나가는 과제보다는 학생에게 부담이 적은 반면 이해도를 높일 수 있다는 장점이 있어 30명 중에서 25명 정도는 항상 참여를 하고 있어서 참여도 꽤 높은 편입니다.

경제학입문 강의 e-Campus 구성 내용
(질의응답, 수업참여도, 팀별 토론 후 의견 정리, Quiz란)

❝ 수업은 실제에 대한 가이드이므로, 수업 내용뿐만 아니라
    구체적인 수업 활동도 실제와 유사하게 구현할 필요가 있습니다. ❞

수업에서 교수님께서 진행하시는 수업 방식 중 발표의 경우 "패널"토론이 존재하는 것이 독특한 것 같습니다.

말씀드린 것처럼 발표를 할 때 저는 미리 패널들을 선정해서 마치 학회나 세미나에서 이루어지는 것처럼 토론활동을 진행하곤 합니다. 실제로 그런 곳을 보면, 주제 발표자가 있고, 그 발표 내용에 대해 패널 형식의 토론을 진행합니다. 이 방식에서는 실제로 주제에 대한 의견을 정리하기도 하고 또 질의를 하기도 하고, 토론자들이 다른 의견을 제시하기도 합니다. 그래서 저는 팀 발표 후에는 그런 활동이 이루어질 수 있도록 발표 전에 미리 패널을 정해 놓습니다. 발표팀이 정해지고 패널토론팀도 정해지면, 패널토론팀은 발표와 토론 전에 미리 발표팀으로부터 자료를 받아 논의할 내용들을 준비하게 됩니다. 사실 첫 발표팀은 모든 학생들이 꺼리는 경향이 있어 추첨으로 정하는데, 실제 추첨 시간에 재미있는 광경이 많이 벌어집니다. 기도를 하는 친구들, 팀 대표가 좋은 시간대를 뽑도록 응원을 하는 모습들은 학생들이 열심히 이 프로젝트에 참여하고자 하는 열정이라고 느껴집니다.

프로젝트 참여 중 하나로 "금융상품 선정 및 소개하기"를 말씀하셨습니다. 이 프로젝트를 학생들에게 제시하실 때 어떤 배경으로 선정하셨는지도 궁금합니다.

저는 학생들이 졸업 후에 직접 하게 될 실제 업무가 무엇인가를 생각합니다. 주로 졸업생들이 금융권에 많이들 취업하는데 그 곳에서 실제로 맡는 업무를 수업에서 경험할 수 있도록 하고 있습니다. 수업은 '실제의 가이드'라고 생각하기 때문에 수업 내용이나 활동이 한번쯤은 그와 유사하게 준비될 필요가 있다고 생각합니다.

경제학에서는 사례도 참 중요한 것 같은데, 이런 사례들은 어떻게 준비하고 계신가요?

포럼이나 학회, 도서, 광고, 신문기사 등에서 주로 많이 준비를 합니다. 그리고 평소에 표지판이나 은행 등에서 전시해놓은 팸플릿들도 눈여겨 보았다가 학생들에게 설명합니다. 새로운 금융상품들에 대한 정보도 많이 알려주려고 하고, 어떤 사회현상에서 경제학적인 의미가 있다면 그에 대해서도 분석하고 해석해서 경제학이 얼마나 많은 분야에 적용될 수 있는지를 학생들에 알려주려고 노력합니다.

평가가 수업을 바꾼다

학업 성적이 미래 진로에 영향을 미치기 때문에, 학생들은 성적 평가 기준에 민감할 수밖에 없다. 물론 평가가 교육 과정에서 전부는 아니다. 그러나 학생 입장에서는 노력과 공들인 시간, 자신의 현재 능력과 잠재력에 대해 설명하고 확인해주는 과정이 결국 평가 결과로 이어지기 때문에, 중요한 지표인 셈이다.

서은숙 교수는 평가가 수업에 긍정적인 변화를 주는, 중요한 요소가 될 수 있다는 점에 주목했다. 서은숙 교수의 수업에서 평가란, 단순히 결과로서의 산출물이 아니라 매 수업 자체를 효과적으로 만들기 위한 역할을 한다.

정해진 시험 외에도 사전 보고서 평가, 개별 평가, 팀 평가뿐만 아니라 팀원 간 평가까지 진행해 공정성과 구체성을 확보하고자 노력한다. 학생들이 스스로 평가 주체가 되는 과정 중심 평가까지 도입해 평가 기준은 더 자율성을 띠고 세밀한 부분까지 공정하게 평가된다. 학생들은 기준이 뚜렷하고 공정한 평가 기준을 제시하는 교수의 지도를 믿고 따르게 된다.

❝ 평가 요소와 주체의 다양한 구성 ❞

평가는 어떻게 진행하시나요?

저는 중간, 기말 이외에 보고서 평가, 개별 평가, 팀별 평가 등을 다 하는데요, 팀별 평가의 경우에는 그 학생이 어떤 역할을 맡았는지 등을 미팅할 때마다 다 기록해두었다가 이에 대해서 개별로 다 평가합니다. 평가를 지필로만 하지 않는 이유는, 학생들의 학업 결과가 단순히 지식을 암기한 결과라고 생각하지 않기 때문입니다. 실제로 취업을 해서 업무를 할 때에는 고객들과의 소통이 중요하고, 고객들에게 다양한 정보를 제공하기 위해 스스로 경제상황 등을 분석할 수 있는 능력을 가져야 합니다. 따라서, 예를 들어 국제자본시장론 수업의 경우에는 팀 단위로 금융상품 분석보고서를 작성하고 제출해야 하는데 팀별로 금융상품을 소개하는 과정에서 금융상품과 연관된 국내외 경제 및 금융시장 현황 및 산업분석까지 반드시 포함시키도록 하고 이를 잘 수행했는지, 그리고 이렇게 분석된 정보를 고객에게 잘 전달할 수 있는지 등을 다양하게 평가에 포함시키고 있습니다.

팀 프로젝트에서 학생들 간 협동은 어떻게 유도하시나요?

저는 팀원 간 평가peer review를 진행하고 있습니다. 동료평가는 무임승차자를 방지하고, 이를 통해서 학생들이 되도록 고르게 역할을 분담하여 소수의 학생이 피해를 보는 일을 방지해줍니다. 그리고, 서로 기여한 부분에 대해서 평가를 하기 때문에 학생들의 협력이 증진됩니다. 예를 들어서, 같은 팀이라 하더라도 팀원끼리 기여한 부분에 대해서 한 명의 학생이 다른 팀원들 모두의 기여도를 백분율로 최종적으로 적어내도록 하여 평가를 진행합니다.

> 참여 동기를 증진하기 위해 학생들의
> 세세한 활동에 대해 '추가 점수Extra points'를 부여합니다.

앞에서 말씀하신 추가 점수는 무엇을 말하는 것인가요?

이 점수는 수업시간에 학생이 나와서 문제를 풀거나 손을 들어서 적극적으로 발표를 한 경우에 부여합니다. 최대 5점을 주고, 그 이상은 못 받도록 하고 있습니다. 점수를 획득할 수 있는 기회를 많이 주기 때문에 학생들이 많이들 받습니다. 학생들에게는 추가 점수가 제일 마지막에 기말고사 점수를 보완하기도 하고, 경제학원론의 경우에는 이번 학기부터 아예 참여도 점수비중을 따로 두고 있습니다. 일종의 보험 같은 것이라고 설명을 합니다. 물론 기말고사 점수를 보완해주는 수업에서는 추가 점수가 기말 점수를 보완하는 데만 활용되기 때문에, 시험에서 만점을 받는다 하더라도 추가 점수를 더 받을 수 없다고 사전에 알려줍니다. 무엇보다 이러한 추가 점수 부여는 첫 주 오리엔테이션 시간에 학생들에게 성적부문 설명 시 반드시 공지합니다. 성적부여 기준에 대해서는 학생들과의 약속이 매우 중요하기 때문입니다.

동료평가Peer Review / Peer Evaluation란?

동료평가는 학생들이 동료를 평가 기준에 따라 상호 평가하는 방법으로, 대학에서는 팀 기반의 학습활동을 평가할 때 주로 많이 활용된다. 동료평가는 아래와 같은 특징 및 장점이 있다.

- **평가의 주체가 학생이 된다.**
  - 과제에 대해 학습자의 실제적인 수행을 검사하고 판단하는 수행평가 기법으로 교수자 중심의 평가와 결과 중심의 평가가 아닌 학습자 중심의 평가이다.
  - 따라서 학생 스스로가 학습에 대한 책임감을 가지며 숙고하고 동료 및 교수자와 협력하는 능동적인 학습의 주체가 된다.
- **과정 중심의 평가이다.**
  - 학습결과뿐만 아니라 학습활동 과정에서 일어나는 과정에 대해 재평가하는 기회가 된다.

동료평가지 사례

내 용	팀 원				
	1	2	3	4	5
조별 발표와 프로젝트 활동에 적극적으로 참여하였다.					
프로젝트 활동에 도움이 되는 발언과 태도를 보여주었다.					
다른 사람의 발언을 적극적으로 경청하였다.					
문제를 다각적으로 분석하였다.					
해결안/아이디어를 논리적으로 제시하였다.					
비판적이고 창의적인 의견을 제시하였다.					
결과물을 충실하게 제시하였다.					
다양한 정보를 수집하고 활용하려고 노력하였다.					
자기주도적인 태도로 적극적으로 임하였다.					

15주를 계획하시면서 추가 점수를 주는 기회는 언제, 어떻게 줄지 등에 대해서 고민하고 주시나요, 아니면 돌발적으로 제시하시나요?

추가 점수를 어떻게 줄 것인가에 대해서는 미리 계획을 하는 편입니다. 그리고 거의 모든 차시에 그러한 기회가 있습니다. 동영상을 보고 의견을 나누거나, 수업 시간에 문제해결을 위해 토론을 시키는 경우, 짧게 발표를 하는 등 활동마다 추가 점수 제도를 활용하기도 합니다.

평가 결과에 대해서는 어떻게 공유하시는지 궁금합니다.

중간고사와 기말고사 성적은 별도로 알려줍니다. 보통 팀별 프로젝트를 진행하는 국제자본시장론이나 자산운용과 투자전략의 경우에는 개별 평가, 팀별 평가, 보고서 평가까지 다 포함하는 평가결과지를 모든 학생들에게 나누어 줍니다. 예를 들어서, 어떤 학생이 보고서를 제출하고 나면, 이 친구는 어떤 부분이 좋았고, 어떤 부분이 부족했고, 어떤 부분이 흥미로웠던 것인지 등을 전부 평가결과지에 적어서 알려줍니다. 보고서 성적이 왜 최종적으로 성적이 A인지를 설명해주는 것입니다.

그리고 팀별 프로젝트의 성적을 주는 방법은 매우 구체적으로 공유합니다. 평가지 체크리스트를 사전에 알려주는데 7개의 평가항목이 어떤 의미인지를 다 설명해 주고, 학생들이 팀별 프로젝트의 결과로서 받은 A와 A+의 차이, A와 B의 차이 등이 어떤 기준에 의해 발생했는지를 평가기준에 다 기술해서 학생들에게 나눠줍니다. 그리고 보고서를 제출할 때에는 점수에 관련된 것들은 반드시 한번 더 점검할 수 있게 하고, 보고서 작성 시 유의사항이나 인용 내용을 적는 방법, 출처를 밝히는 방법 등도 모두 미리 알려줍니다. 예를 들어, 학생들이 제출한 보고서의 서론, 본론, 결론이 적당하게 배분이 되었는지도 하나의 평가 기준이 되는데, 그런 것들도 사전에 미리 알려줍니다. 그리고, 학생들과 1차, 2차 미팅을 하고 나면 팀별 미팅 평

— 서은숙 교수의 인터뷰 모습

가 결과도 모두 알려줍니다. 평가결과지를 통해 체크리스트에 기초해서 본인들이 받을 항목별 평가들을 모두 알려주고 나눠주고 설명해주고 어떤 학생은 왜 A+이고, 어떤 학생은 왜 A인지 부족한 부분을 반드시 설명하기도 합니다. 그래서 학생들이 특별히 평가에 대해서 이의를 신청하는 경우는 없습니다. 사전에 공지가 됐던 것들에 대해 명확하게 평가를 하니까요.

━━━ 학생들에게 공유하는 자산운용과 투자 전략과목 평가기준표(예시)

Grade

평가기준	A or A+	B or B+	C or C+
1. 투자자가 가정되어 있는가?	○	X	X
2. 투자자의 자산현황 및 위험선호도가 분석되어 있는가?	○	X	X
3. 상품제안과 관련된 경제일반 현황이 분석되어 있는가?	○	○	△
4. 상품이 다른 상품에 비해 더 선호된다는 이유가 충분히 설명되어 있는가?(수익률 등등)	○	△	△
5. 앞에서 제시한 투자자와 제시한 상품의 일관성이 있는가?	○	△	X
6. 명확히 상품이 제시되어 있는가? (여러 상품을 나열한 경우, 좋은 투자상품 선택)	○	○	X
7. 서론, 본론, 결론이 비중을 잘 이루고 구성되어 있는가?	○	△	△

김○○ 보고서 평가
- 보고서는 매우 잘 구성이 되었고 평가기준에 맞게 작성수준도 매우 높음.
- 다만, 5년간 연평균 예상수익률은 일반적으로 그 나라의 경제성장률(보고서에 의하면 최근까지 7%대) +a로 14% 정도가 유지된다는 것이 쉽지는 않을 것으로 보임.
- 또한, 보고서에 제시된 투자자는 위험성향이 다소 높은 편인데 5년 후 보통예금으로 55,000,000이 된 것은 투자성향과 다소 일관성이 떨어지는 가정임.
- 그러나 상품의 비교는 아주 훌륭하게 잘 구성된 것으로 보임.
- 보고서 작성은 글머리 기호를 일관성을 유지하며 달아야 글을 읽을 때 이해도가 높아지므로 이에 유의할 것.
- 그럼에도 불구하고, 분석이 논리적으로 이루어진 보고서로 금융상품 또한 매우 흥미로웠음.
- 최종 GRADE는 A(A/B/C 중).

학생들과 함께 성장하는 최고의 방법, 대화

　학생들 사이에서는 '서은숙 교수의 수업을 들으려면 목숨을 내놓아야 한다.'는 우스갯소리가 퍼져 있다. 다른 수업을 다 포기하고 들어야 할 만큼 어렵고 과제가 많으며 만만치 않다는 의미다. 그런데도 학생들은 서은숙 교수의 수업을 좋아하고 열심히 참여한다.

　그 비밀은 무엇일까? 아마도 학생들은 그들과 최대한 많은 이야기를 나누고 교감하고 소통하려는 서은숙 교수의 진심을 잘 알고 있는 듯하다. 다양한 과제와 평가, 수업 내용을 고민하고 정리해 가르치기만 해도 바쁜데, 두 번의 팀 미팅, 발표 준비에 대한 사전 상담부터 진로 상담까지 아낌없이 함께하려는 열정과 애정을 학생들도 알아본 것이다.

　교수들의 역할에는 강의뿐만 아니라 학생들과의 소통까지 포함된다고 강조하는 서은숙 교수는, 경제학이라는 지식을 나누는 과정을 통해 학생들이 문제 해결 능력, 본격적으로 사회생활을 하면서 소통하는 능력을 익히고 궁극적으로 '성장'하기를 바란다.

> ❝ 너희들은 언제든 나를 소환할 자격이 있다. ❞

교수님은 하루 중에 어떤 시간을 가장 많이 보내고 계십니까?

　　　　　　　　　학생들과의 소통을 위해서 보내는 시간이 상당히 많은 것 같습니다. 수업이 강의실 내에서 이루어지는 것도 중요하지만, 그 이후에 학생들이 어떻게 수업을 따라가고 있는지, 고민하는 것은 무엇인지에 대해 함께 논의 하는 시간도 중요하다고 생각합니다. 그것도 일종의 수업이라고 생각합니다. 교수의 역할에는 강의뿐만 아니라 학생들과의 소통도 모두 포함된다고 생각하고 있어서 이런 말을 자주 합니다. "너희는 교수를 언제든 소환할 자격이 있다." 이렇게요.

상담 내용은 주로 무엇입니까?

과제에 대한 내용, 진로에 대한 내용을 많이 상담합니다. 1학년의 경우에는 토론이나 발표를 한번 하고 나면 학생들이 상담 신청을 합니다. 발표 후에 발표한 친구들도 상담을 요청하지만, 그렇지 않은 학생들 중에서 자극을 받아 신청을 하는 경우가 있습니다. 그리고 칭찬을 받았던 학생들 역시 이 부분에서 내가 잘하고 있구나 하고 생각해서 찾아오는 경우가 있습니다. 1학년 입장에서는 적극적인 수업 참여를 통해 내가 흥미가 있는 부분을 찾았다고 생각하곤 합니다. 사소하게는 신문기사 같은 것을 어떻게 더 잘 읽을 수 있는지 등도 물어봅니다.

학생들이 교수님의 수업을 어려워하지는 않나요?

힘들다고, 또 어렵다고들 말합니다. 하지만 사실 대학이라는 곳은 자신이 해결할 수 없는 문제들을 자꾸 부딪쳐 가면서 해결하는 방법들을 찾아나가는 방법을 배우는 곳이라 생각합니다.

어려움을 한번 극복해 본 친구들은 사회에 나가서 아무리 어려운 문제가 있다 하더라도, 해결해낼 수 있는 방법이 존재하고, 또 한 번에 해결이 되지 않기 때문에 당연히 시간이 걸리고 어려울 수 있다는 것을 배웁니다. 그것이 대학의 역할 중 하나라고 생각하기 때문에, 그냥 쉽게 공부할 수 있는 내용을 가르치지는 않으려고 합니다. 다만, 전공에 대해 어렵다고 고민하는 학생들과는 최대한 자주 "소통"하면서 재밌게 접근할 수 있는 방법들을 찾아내고자 노력하고, 어려운 내용들을 쉽게 전달하는 방법에 대해서는 지속적으로 고민하고 있습니다.

교수님의 강의를 한마디로 정의하자면, 무엇이라 할 수 있을까요?

'소통'인 것 같습니다. 교수는 지식을 그저 전달하는 사람이 아니고, 학생들과 마주 앉아서 지금 배우고 있는 내용들을 서로 얘기하고 지식을 나누어 가지고자 노력해야 하는 사람이라고 생각합니다. 경제학이라는 쉽지 않은 학문에 학생들이 친근하게 다가 갈 수 있게 체계적으로 도움을 주는 사람이고, 그러한 과정을 거치면서 학생들이 성장할 수 있게 도와주는 사람이라고 생각합니다. 무엇보다 이러한 과정에서 교수인 저도 더 배우고 함께 성장해 나간다고 생각합니다. 학생들이 제 강의를 통해서 경제학이 무엇인지를 알게 되고, 사회에서 발생하는 문제뿐만 아니라 개인적인 문제의 해결방법을 많이 얻어갈 수 있으면 좋겠습니다.

🏠 > 자산운용과투자전략 > **질의응답**

질의응답

전체 게시물수 : 36 전체 페이지 : 1 / 3

☐	번호	제목	작성자	작성일
☐	36	15일 목요일 오후 2시 30분 상담신청합니다!	김▨	2017-06-13
☐	35	▸ [RE] 15일 목요일 오후 2시 30분 상담신청합니다!	서▨	2017-06-14
☐	34	15일 7시 30분 상담신청합니다	주▨	2017-06-13
☐	33	▸ [RE] 15일 7시 30분 상담신청합니다	서은숙	2017-06-14
☐	32	15일 오후 3시에 상담신청합니다. [1]	최▨	2017-06-13
☐	31	15일 목요일 2시 45분 상담신청합니다~ [1]	한▨	2017-06-12
☐	30	14일 수요일 7시 신청합니다. [1]	이▨	2017-06-12
☐	29	12일 7시 30분 상담 신청합니다.	김▨	2017-06-12
☐	28	금일 16시 15분에 상담신청합니다 (변경 후)	최▨	2017-06-12
☐	27	12일 5시 30분 상담신청합니다	허▨	2017-06-12
☐	26	14일 수요일 오전 10시 15분 상담요청드립니다 [1]	최▨	2017-06-12
☐	25	14일 수요일 오후6시 상담신청합니다.	신▨	2017-06-12
☐	24	15일 목요일 2시15분 상담신청합니다	이▨	2017-06-12

▬▬▬ 경제학원론 e-Campus 상담신청 폴더 화면

토론이나 발표 수업을 시작할 때, 자신의 이름을 소개하는 방법부터 가르치며 그 중요성에 대해 설명한다는 서은숙 교수의 말은 인상적이다. 단편적인 학문과 이론, 지식 전달에 그치지 않고 통합적인 성장을 지향한다는 증거이기 때문이다.

4차 산업혁명 시대에는 다양한 정보와 편리성 속에서 오히려 문제 해결 능력과 협동, 소통이 더 중요해졌다. 학생들은 서은숙 교수의 강의를 통해 고객의 입장에 서서 잘 소통하고 다양한 정보를 제공하기 위해 스스로 분석할 수 있는 능력을 키울 수 있게 된다. 사회에 나가면 실제로 맞닥뜨리게 될 다양한 사례를 학생들이 스스로 연구하고 발표하는 과정에서, 직접 문제를 해결해볼 뿐 아니라 문제 해결에는 시간과 노력이 필요하다는 경험까지 함께 해볼 수 있기 때문이다.

'교수님의 수업이 가장 힘들고 성적도 잘 나오지 않아 재수강까지 몇 번 했지만, 가장 재미있고 오래도록 기억에 남는 수업이었다'는 한 학생의 평가에 고개를 절로 끄덕이게 된다.

한

혁

수

HAN
HYUKSOO

1993년 상명대학교 부임
SW대학, ICT 융합대학 학장 역임
2003년 (정보통신부 산하) 소프트웨어 공학센터 센터장
2012년 – 2013년 소프트웨어 공학 소사이어티 회장
(현) 미래융합공학대학 컴퓨터과학과 교수
　　　 소프트웨어 안전성 보증 연구센터장

일 잘하는 학생을
기르는 교수

"한혁수 교수님 강의는 실례, 실무 중심이에요.", "학교 밖에서 일어나는 많은 일들, 학생들이 궁금해하는 '진짜 일'들에 대한 이야기를 많이 해주세요." 제 1공학관을 오가는 학생들에게 한혁수 교수의 강의 스타일을 묻자 이구동성으로 돌아온 대답은, '진짜 세상(Real World)'에 관한 이야기가 담겨 있다는 것이었다.

학생들은 한혁수 교수의 강의를 통해서 진짜 세상을 어떻게 만나고 있는 것일까? 이에 대한 궁금증을 안고 한혁수 교수의 연구실을 찾아가보았다. 졸업 후 회사에서 하게 될 프로젝트와 유사한 팀 단위 활동 수업, 소프트웨어 개발 라이프 사이클에 맞춘 교육과정, 무엇보다 직업교육을 넘어 기본과 가치를 중시하는 강의 속에 그 비밀이 번득이고 있었다.

현장의 고민을 수업 안으로 가져오다

4차 산업혁명 시대로 접어들면서 각 대학에서는 새로운 시대에 과연 어떤 인재를 양성해야 하는지에 대한 근본 질문으로부터 시작해, 그러한 인재를 양성하기 위한 구체적인 방법론에 이르기까지 많은 노력을 기울이고 있다. 수업의 방향과 내용 그리고 깊이는 수업을 설정하는 교수가 그 인재상을 어떻게 정의 내리느냐에 따라 완전히 달라진다. 교수가 '나의 수업을 듣고 학생들이 어떻게 변하기를 바라나.'에 대해 세우는 설정이 곧 수업의 뼈대와 방법론을 결정하는 핵심이기도 하다.

과연 대학에서는 어떤 목표를 가져야 할까? 이에 대해 한혁수 교수는 "학생들을 '진짜 일을 잘하는 사람'으로 키워내야 한다."고 답한다. 그는 학생들이 수업을 통해 사회에서 해야 할 진짜 일이 무엇인지 배워 나가길 바란다. 일을 세분화 해 일정을 짜고 역할 분담을 하는 '작업 분할 구조도wbs' 단계, 활동, 작업, 절차로 나눈다는 학생들이 졸업 후 실제 기업에 갔을 때의 체계적인 진행 능력과 적응력을 높인다.

❝ 제 학생이 일을 잘하는 사람,
　　　　업무적으로 충분히 성숙한 사람이 되기를 바랍니다. ❞

교수님의 강의가 학생들에게 특별한 이유는 무엇일까요?

과목이 영향을 미치는 부분도 있을 것 같습니다. 소프트웨어 공학이라는 과목 자체가 학생들이 가장 좋아하는 과목 중 하나라고 생각합니다. 그 이유가 이 과목은 회사에 실제로 들어갔을 때 겪게 되는 팀 단위의 작업을 실제로 유사하게 경험할 수 있게 짜여 있기 때문입니다. 이론보다 실무 과목이라, 자신들이 취직하고 나면, 어떤 것을 배우게 되는지 관심 있어 하는 것 같습니다. 예를 들어, 학생들이 졸업 후 회사에 취직하게 되면, 하나의 프로젝트를 맡게 되고 PM^{Project Manager}

또는 구성원의 역할을 하게 됩니다. 저희 분야에서는 프로젝트 단위의 일들이 많기 때문에, 그 프로젝트를 어떻게 계획하고 진행하며, 팀원들과 호흡을 맞추어 가느냐가 상당히 중요한 문제가 됩니다. 학생들이 졸업 후에 곧 수행하게 되는 일을 수업에서 훈련할 수 있게 하는 것이 제 수업의 특징입니다. 저희 과에서 주로 3~4학년 학생들을 가르치는데, 제 수업은 1~2학년 때 배운 이론들을 실무에 적용하도록 설계되어 있다고 생각하시면 될 것 같습니다.

구체적으로 학생들이 프로젝트를 수행할 때 어떤 방식으로 진행을 하게 되나요?

수업에서 학생들은 Work Breakdown Struc-ture WBS를 직접 구성해서 일을 진행합니다. WBS는 시장에 갈 때 미리 체크리스트를 작성하는 것과 같은 것입니다. 자신이 꼭 해야 하는 일들, 필요한 일들에 대해서 순차적으로 작성하고, 이에 대해 점검하기 위한 기준입니다. 학생들에게 WBS를 가르쳐주기 위해서 이런 질문을 합니다. ─ '네가 무슨 일을 추진하기 위해 꼭 해야 할 일을 빠뜨리지 말고 나열해봐라.' 그러면 학생들이 모여서 전체 할 일을 세부적으로 나누고, 이 일을 누가, 언

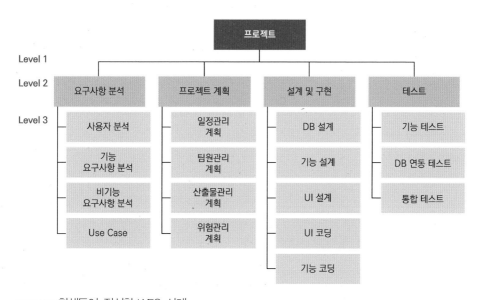

학생들이 작성한 WBS 사례

Work Breakdown Structure^{WBS}란?

　WBS는 '작업 분할 구조도'라고 하며, 프로젝트에서 수행하는 활동을 기준으로 작업을 계층화/상세화 함으로써 프로젝트의 범위를 구체적으로 정의하는 방법이다. WBS의 계층은 보통 '단계(Phase) – 활동(Activity) – 작업(Work) – 절차(Step)'로 분해된다. 그리고 WBS의 최하위 계층 작업을 작업 패키지(Work Package)라고 한다. 프로젝트 관리 시에는 이러한 작업 패키지를 대상으로 담당자를 할당하고, 수행기간을 정하고, 일정을 관리한다. 일반화하기는 어렵지만 일반적으로 작업 패키지가 도출되는 계층화 수준은 3~4레벨 정도이다.

WBS의 사용 목적
- 수행하는 활동을 분할하고 정의하는 과정에서 프로젝트에 대한 이해 개선
- 일정 및 자원 소요량의 예측 정확도 개선
- 세분화된 작업을 기준으로 업무를 할당할 수 있어 효과적 관리가 가능
- 표준화된 프로젝트 절차를 활용함으로써 의사소통 개선
- 작업의 논리 관계 파악
- 진행 중인 작업들의 효율적인 통제
- 비용과 일정 연계 관리의 기준으로 활용

WBS의 작성 단계
- 프로젝트의 목적 설정
- 프로젝트에서 작성할 제품, 서비스, 결과 등의 성과물(Output)을 구체적으로 정의
- 요소 성과물이나 중간 성과물, 전체 성과물에 공통적인 작업항목을 빠짐없이 정의
- 항목을 분해해서 계획 및 통제가 가능한 수준이 될 때까지 계속하여 분해

제까지 수행할 것인가에 대해 역할 분담을 하면서 프로젝트를 준비하고 진행하게 됩니다. 즉, 일을 세분화하고, 일정을 짜고, 역할 분담을 하는 것이 바로 WBS입니다. 이것이 중요한 이유는 실제로 기업에 가서 학생들이 일을 하게 될 때 체계적으로 추진할 수 있도록 도와줄 수 있기 때문입니다. 저는 학생들이 한 학기 동안 팀을 구성하여 체계적으로 요구사항을 작성하고, 계획을 짜고, 그 계획대로 진행할 수 있도록 도와주려고 노력합니다.

교육설계 과정에서 어떤 고민을 통해 현장의 요구사항을 수업에 녹여내시는지 궁금합니다.

소프트웨어 개발 라이프 사이클Life Cycle이라는 것이 존재합니다. 회사에서는 고객들의 요구가 있고, 개발자는 이 요구 하나하나에 맞추어서 효과적으로 프로그램을 구현하도록 되어 있습니다. 프로젝트를 위한 계획을 수립하고, 그것을 구현한 후에 테스트를 하는 것이 하나의 사이클이 되는 것이고, 여러 번의 테스트를 통해서 결함이 있는 부분들을 수정하게 됩니다.

제가 하는 일은 이 라이프 사이클을 그대로 교육과정 안으로 가지고 오는 것입니다. 특히 저희 과는 졸업 프로젝트가 있기 때문에, 학생들은 1년간 프로젝트를 준비해야 하고, 최종 성과물을 만들기 위해서는 소프트웨어 공학 수업시간에 배운 작업들을 1년 동안 쭉 따라가야 합니다. 소프트웨어 공학 수업에서는 약 두 달 동안 하나의 프로젝트를 진행합니다. 처음 프로젝트가 진행될 때 투표를 통해서 6명씩 팀을 구성하게 하고, 그 안에서 각각 R & RRole & Responsibility을 정하도록 합니다. 프로젝트 내용 자체는 수업에서 배운 소프트웨어 공학 기법을 적용할 수 있도록 유도합니다. 학생들은 자신이 배운 사소한 지식이라도 직접 적용하는 순간에 '내가 왜 이걸 배웠는지'를 느끼게 되고, 그 후 '이것이 필요한 지식, 필요한 과정이구나.'라는 것을 느끼게 됩니다.

신기하게도, 학생들에게 교수님의 특징을 물으면, 하나같이 '실 사례 중심', '현장 중심'이란 말을 많이 합니다. 이에 대해서는 어떻게 생각하시나요?

제가 중점을 두는 부분이에요. 현실적이지 않으면 학생들에게 지식이 잘 와닿지 않는 것 같다고 느꼈습니다. 학생들은 '미래에 자신에게 닥칠 것 같은 일에 대한 저의 경험담을 이야기해줄 때' 가장 좋아한다고 느꼈습니다. 그래서 요즘도 기업체에서 얻은 정보들을 수업 시간에 전달하고자 노력하고 있습니다.

이 과목을 처음부터 실무 중심으로 계획하셨나요, 아니면 실무 중심의 강의를 하게 된 특별한 계기가 있으신가요?

특별한 계기는 없었던 것 같습니다. 1993년도에 교수가 되었을 때부터, 실무 중심 수업이 학생들에게 많은 도움이 될 것 같다고 생각해서 그렇게 수업을 해오고 있습니다. 그 이유는 제 학생이 '일을 잘하는 사람', '충분히 업무적으로 성숙한 사람'이 되기를 바라기 때문입니다. 물론 전공 지식에 대해 깊이 있게 아는 것, 알아야 할 것을 아는 것이 기본이라고 생각합니다. 하지만, 여기서 더 나아가 학생들은 일을 주체적으로, 잘 할 수 있는 능력이 있어야만 합니다.

예를 들어, 학생들은 회사에 입사한 후에 무엇인가 지시가 있을 때, 일을 어떻게 처리할 것인가, 나에게 주어진 요구가 무엇인가에 대한 답을 내기 위해 고민할 수 있는 인재여야 합니다. 자신이 고민하여 얻은 해결책을 정리하여 상사에게 보고하고, 상사로부터 받은 피드백을 통해 학습하는 과정을 익힌 학생들은 새로운 문제를 해결해야 하는 상황에서도 당황하지 않고 일을 잘 처리할 수 있습니다. 그래서 저는 제 학생들이 인턴이나 신입사원이 되었을 때 고민하게 될 일들에 대해 미리 훈련을 시킨 후, 사회로 내보내야겠다는 생각을 갖게 되었습니다.

연구실에서 한혁수 교수의 모습 ━━

평가에서 이론과 실습은 비율이 어느 정도 되나요?

　　　　　　　　　　　　　　이론 60%, 실습프로젝트 40% 정도입니다. 제가 프로젝트형 수업을 한다고 해서 이론에 대한 비중이 적은 것은 아닙니다. 시험은 실무에 꼭 필요하고, 다른 동료들과의 의사소통에 도움이 될 수 있는 용어와 개념을 중심으로 하기 때문에 이해만 잘 하고 있으면 어렵지 않게 해결할 수 있는 수준의 문제를 냅니다. 그래서 평가는 시험 점수보다 프로젝트의 수행 성과로 변별력을 갖게 됩니다.

수업 구성은 어떻게 하고 계시나요? 또 과제나 퀴즈, 이에 대한 피드백은 어떻게 제공하고 계신지 궁금합니다.

　　　　　　　　　　　　　　각 주의 수업은 총 3시간을 기준으로 한 주에 2개 또는 3개의 공학 기법들에 관한 내용으로 구성되어 있습니다.

　　학생들의 이해를 돕기 위해 수업 시간에 주요 공학 기법을 배울 때마다, 적용할 수 있는 실습을 실시하고 있습니다. 한 학기 동안 프로젝트에 대해서는 초기, 중간 점검, 프로젝트 종료 후 이렇게 3번의 피드백을 제공하고 있으며, 수업 시간에 실습을 진행할 경우에는 실습 종료 후 학생들이 어려워하는 부분에 대해 즉각적으로 설명을 하고 있습니다.

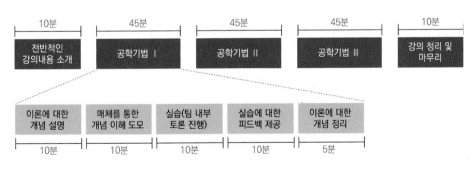

■■■■ 한혁수 교수의 1주차 수업 구성

교수님의 수업에서는 특별히 어떤 교재를 사용하시나요? 프로젝트 중심으로 수업하시면서 학생들에게 이론도 가르치는 것이 힘들 수 있다는 생각이 듭니다.

실무 중심의 수업이 되기 위해서는 이론보다는 실제로 현장에서 제시되는 일과 업무 프로세스에 기반을 둔 교재가 필요할 것으로 판단하여 『소프트웨어 공학의 소개』라는 교재를 출간하고, 수업에서 활용하고 있습니다.

졸업 프로젝트의 주제는 어떤 식으로 정하고, 어떻게 개입 또는 코칭을 진행하시는지 궁금합니다.

저는 크게 세 개의 과정으로 분리하고, 각 과정마다 피드백을 제공하고 있습니다. 첫 번째는 주제 선정입니다. 학생들에게 충분히 아이디어 회의를 하고, 본인들이 개발하고 싶은 제품에 대한 아이디어를 가져오라고 합니다. 학생들의 아이디어를 들어 보고 최신 트렌드를 반영하여 아이디어의 방향에 대한 피드백을 제공하거나, 아이디어가 추상적이면 그 내용을 구체화시켜 줍니다. 두 번째로는 중간 점검을 진행합니다. 프로젝트가 얼마나 진행되었는지를 파악하고, 현재까지의 진행 상황을 검토합니다. 그리고 마지막으로는 최종 심사 전에 검토를 진행합니다.

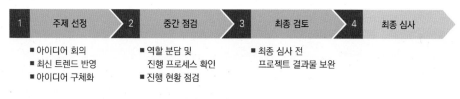

1 주제 선정	2 중간 점검	3 최종 검토	4 최종 심사
■ 아이디어 회의 ■ 최신 트렌드 반영 ■ 아이디어 구체화	■ 역할 분담 및 진행 프로세스 확인 ■ 진행 현황 점검	■ 최종 심사 전 프로젝트 결과물 보완	

━━━ 졸업 프로젝트 과정 점검 및 피드백 제공 단계

" 잘 하는 팀을 만난 건 행운이다. 잘 못하는 팀을 만난 건 불운이다.
하지만 실제로 업무 현장에도 운이 작용한다.
중요한 것은 팀원이 '함께', 좋은 성과를 내는 것이다. "

팀 단위로 일을 할 때, 학생들이 모두 잘 따라오는 편인가요? 학생 간 편차는 없는지 궁금하고, 그로 인한 학생들 간 불화나 교수님에 대한 불만은 발생하지 않는지 궁금합니다.

물론 편차는 존재합니다. 이번 학기만 해도, 한 수업 수강생이 51명이라, 5~6명씩 10개 팀을 운영했는데, 팀들 간에도 편차가 존재하고, 팀원 사이에도 편차가 존재했습니다. 아무래도 유능한 학생들이 포함된 팀은 그만큼 결과가 좋게 나옵니다. 하지만 저는 수업에서 학생들에게 회사에 입사하고 나면, 다양한 능력과 성격을 가진 사람들을 만나게 된다고 이야기합니다. 자신 마음대로 팀을 구성할 수 있는 것이 아니라, 내가 구성원으로 참여하게 되고, 그러다 보면 마음에 드는 사람, 그렇지 않은 사람들을 만나게 되는데, 중요한 것은 그 사람들과 함께 협업하여 일을 잘 해내는 것임을 알려줍니다.

학생들이 그렇게 말씀하시는 것을 잘 수용하던가요?

처음에는 불만도 있었습니다. 하지만 저는 반복해서 이 부분을 강조합니다. 제가 학생들에게 꼭 주입해서라도 알려주고 싶은 것은, '결국 사회에서는 너희가 개인 회사를 차리지 않는 이상 한 팀에서 일하게 된다.'는 점입니다. 그리고 싫든 좋든, 주어진 환경 안에서 너희들은 최상의 결과를 만들기 위해 노력을 해야 한다는 것을 가르칩니다. 학생들은 주어진 프로젝트 상황에서 상호작용하면서 서로 배우고, 논의하고, 합의를 하는 많은 과정들을 반복하면서 함께 성장합니다. 많이 배우기 위해서는 부족한 점이 무엇인지를 찾아내고 보완하기 위하여 잘하는 학생들은 잘 못하는 학생들을 끌어주고, 잘 못하는 학생들은 잘하는 학생들로부터 배워야만 합니다. 이러한 자연스러운 과정에 대해 학생들이 이해하면, 큰 문제는 없을 것 같습니다.

현재 평가 방법을 개선하기 위해서 고민해보신 부분이 있나요?

네, 평가는 고민이 되는 부분입니다. 제 과목에서는 팀 전체가 같은 점수를 받습니다. 이 부분에 대해서는 첫 수업에서 미리 이야기를 합니다. 하지만 분명히 더 열심히 참여하는 학생이 있고 그렇지 않은 학생이 있기 때문에, 불만을 가지는 학생들도 있습니다. 앞에서 말씀드린 것과 같이, 팀 프로젝트에서 제가 중요하게 생각하는 것은 나 하나가 잘난 것을 인정받기 위함이 아닙니다. 다른 동료들과 어떻게 어울리고, 어떤 것이 성숙도가 높은 활동인가에 대한 성찰을 하고, 팀원들 간의 합의를 통해 좋은 결과를 이끌어내는 경험을 쌓는 것이기 때문에 현재는 이 방식을 고수하고 있지만, 이 부분에 대해서는 앞으로도 지속적으로 개선 방안을 고민해보려고 합니다.

대학 ≠ 직업훈련소, 대학은 가치를 우선한다

한혁수 교수는 실무 중심 수업을 기획, 운영하고 있다고 했다. 하지만 취업을 잘하기 위해서, 졸업 후 일을 잘하기 위해서가 교육의 목적이라면, 직업훈련소나 자격증 학원에 다니는 게 낫지 않겠냐고 누군가는 반문할지도 모른다. 실제로 평생교육 시대로 접어들면서 학생들은 온라인, 오프라인상의 다양한 루트를 통해 실무 지식을 쌓을 수 있다.

그런데도 대학 교육이 여타 교육들과 다른 이유는 무엇일까? 대학 교육의 차별성을 어디에 두어야 하는가에 대해 한혁수 교수는, '대학은 가치를 논하는 공간'이라고 말했다. 능력만 뛰어나거나 지식만 풍부한 게 아니라, 문제 해결 능력을 갖추었을 때 비로소 '일 잘하는' 사람이 되는 것이다. 다양한 융합 활동을 통해 문제 해결 방안을 찾은 뒤 검증 방법까지 찾을 수 있어야 하며, 이 또한 기본 지식과 다양한 프로젝트 경험에서 오는 것이다.

한혁수 교수는 구체적인 동기 부여를 위해 선배들의 이야기와 실무 경험을 자주 들려주며, '소통'을 위해 표준화된 용어를 철저히 가르치는 기본에 충실하고자 한다.

❝ 개인 퍼포먼스뿐만 아니라
　　　　팀의 퍼포먼스가 중요하다는 것을 알려주려고 합니다. ❞

교수님께서는 실무 중심의 교육을 주로 기획/운영하시는데, 사실 대학을 통하지 않고도 실무와 관련된 지식을 얻을 수 있는 기회와 루트는 다양하게 존재하는 것 같습니다.

굉장히 중요한 질문이라고 생각합니다. 일 잘하는 사람만 배출하면 대학이 학원과 다를 바 없다는 생각이 들 수도 있기 때문입니다. 하지만 요즘 대학은 학생들의 진로나 취업에 도움이 되지 않는다고 판단될 경우 그 과목을 없애기도 하는 분위기가 있기 때문에 방향성을 어떻게 가져가야 하는가에 대해서는 많은 고민이 있습니다.

저 역시 학생들을 일 잘하는 학생으로 키워보고자 합니다만, 제 수업이 직업교육과는 다르다고 생각합니다. 제가 수업에서 다루는 것은 테크닉Technique만이 아니라 가치Value에 기초한 것들이 많기 때문입니다. 우리 학문에서 왜 이런 것들을 중요하게 생각하고, 왜 이런 이론이 존재하는가에 대한 기초적인 부분을 강조하고, 현장에서 인정받는 베스트 프랙티스Best Practice들을 익힐 수 있도록 수업에서 적용하고 있습니다.

교수님께서는 '일을 잘하는 학생'을 키우고 싶다고 하셨는데, 일을 잘한다는 것은 어떤 의미입니까?

저는 일을 잘하는 학생이 개인 능력만 뛰어난 학생, 전공 지식에 대해 많이 아는 학생이라고 생각하지는 않습니다. 물론 프로그램을 잘 짜는 머리 좋고 영리한 학생들이 가끔 눈에 들어오기는 합니다. 하지만 제가 생각할 때, 일을 잘 한다는 것은 문제 해결 능력을 갖추는 것입니다. 자신이 해결해야 할 문제를 정확히 이해하고, 명세할 수 있어야 합니다. 요구사항의 명세 능력이 중요한 이유입니다. 그리고 나면 해결 방안을 강구하고, 체계적으로 설계할 수 있어야 합니다. 이를 위해서는 기초 지식을 바탕으로 적용 능력을 갖춰야 합니다. 특히, 가장 중요한 능력은 설계된 해결 방안을 구현하는 것입니다. 이를 위해서는 개인의 역량도 중요하지만 동료들과의 협업, 필요한 지식의 획득, 자료 검색 등 다양한 요소의 융합을 이끌어낼 수 있어야 합니다. 마지막으로 해결 방안에 대한 적절한 검증 방법도 찾을 수 있어야 합니다. 이러한 능력은 크고 작은, 다양한 프로젝트 경험에서 얻을 수 있습니다.

지금까지 프로젝트를 하면서 가장 인상 깊었던 학생이 있었나요?

네. 있습니다. 프로그램을 매우 잘 짜는 학생이 있었습니다. 그 학생에게 소프트웨어 개발이 프로그래밍만을 의미하는 것이 아니라 요구사항 명세, 설계, 구현 그리고 테스팅을 체계적으로 수행하는 과정이 포함되어 있다는 것을 이해시키는 것이 어려웠습니다. 그 학생은 학교에서 주는 과제 정도는 그냥 머릿속에서 순식간에 해결책을 찾을 수 있는 일들인데, 왜 이것을 시간을 들여 체계적으로 작업해야 하는지에 대해 이해하는 것을 어려워했습니다. 이 학생에게 요구사항 명세부터 테스팅까지 프로세스를 잘 지키면서 체계적으로 소프트웨어를 개발하지 않으면 나중에 문제를 발견하게 되고, 이는 곧 엄청난 양의 재작업으로 이어질 수 있다는 사실을 인식시켰습니다. 과목이 끝날 즈음에는 이러한 개념을 잘 이해하는 것 같았습니다.

개인 퍼포먼스가 뛰어난 학생들과 그렇지 않은 학생들이 공존한다고 하셨는데, 그렇다면 수업에 들어오는 학생들의 선수 지식 또한 다양할 것 같습니다. 그러한 편차를 줄이기 위한 교수님의 노력은 어떤 것이 있습니까?

물론 '1~2학년 수준의 선수 지식들에 대해서는 학생들이 다 배우고 왔을 것이다.'라는 전제로 수업을 설계합니다. 참고로 저는 3학년 학생들을 가르치기 때문에 수업에서 전체 전공 지식을 모두 다루지는 않습니다. 하지만, 수업을 진행하다 보면 학생들이 잘 모를 것 같은 부분들이 눈에 들어옵니다. 질문을 통해서 혹은 학생들의 표정을 통해서 알 수 있습니다. 이럴 때는 간과하지 않고 대표적으로 몇 명에게 질문을 해서 실제로 아는지, 모르는지를 확인하고 넘어갑니다. 일단 잘 모르는 것 같다는 판단이 들면 이 갭Gap을 채우기 위해 보충 설명을 합니다. 보충 설명은 한 학기의 수업 진도나 구성이 흔들리지 않을 정도로 조절합니다.

❝ 교수로서 나의 역할은
　　　왜 배워야 하는지를 제대로 이해시키고
　　　　　반드시 알아야 할 것들을 알려주는 것입니다. ❞

수업에 있어서 교수님의 역할이 무엇이라고 생각하시나요?

저는 제 역할이 첫째, 왜 배워야 하는지를 느끼게 해주는 것, 둘째, 반드시 알아야 할 것을 제대로 알려주는 것이라고 생각합니다. 먼저 왜 배워야 하는지를 느끼게 해주기 위해서 저는 학생들에게 졸업한 선배들의 이야기를 많이 들려주는 편입니다. 제가 직접 가르쳤던 학생들이 어떤 어려움을 겪었었고, 어떤 과제들을 어떻게 해나갔고, 사회에서는 어느 직장에, 어떤 역할에 있는지 자주 이야기를 해줍니다. 그리고 초청을 해서 직접 어떤 업무들을 하는지, 학생 때는 어떻게 생활을 해야 하는지 등을 이야기하는 시간도 갖습니다. 그러다 보면 학생들은 그런 이야기들을 통해 자신이 배우는 것이 어디로 연결되는지에 대해서 더 구체적으로 이해하기 시작합니다. 그런 일들이 동기 부여에 큰 역할을 한다고 생각합니다.

　그리고 두 번째로는 반드시 알아야 할 것들을 제대로 알려주기 위해서 암기를 해야 하는 부분에 대해서는 철저히 암기를 하도록 시킵니다. 이 때 왜 그 지식을 알아야 하는지에 대해서는 '소통'을 위해서라는 말을 해줍니다. 저희 분야는 다른 회사, 다른 분야의 사람, 심지어 외국 회사와 일하더라도 거의 용어가 표준화되어 있습니다. 예를 들어, 'Software Requirement Specification'은 SRS라는 약자로 통용되고, 앞서 말씀드린 WBS도 마찬가지로 어디를 가도 이 단어를 사용하고 있습니다. 만약 한 학생이 회사에 갔을 때, 표준화가 된 용어들에 대해 무지하다면, 소통 자체에 문제가 되고 기초가 부족한 사람으로 보일 수가 있습니다. 그래서 저는 학생들이 이런 표준 용어들을 다 암기하도록 요구합니다.

살아 숨 쉬는 강의를 위하여

수업을 기획하다 보면 '학생들의 관심을 끄는 콘텐츠가 무엇이 있을까?'를 고민하지 않을 수가 없다. 학생들이 관심을 갖는 부분이 단순히 '즐겁고 유쾌한 무언가' 또는 '그저 새로운 무언가'가 아니라는 사실은 누구나 수업에서 한 번쯤 느꼈을 것이다. 학생들은 각자 전공과 관련된 실제 사례, 다시 말해 배운 지식이 적용되는 실제 사례와, 실생활에서 익히 알고는 있었지만 새로운 시각으로 접근하고 해석하는 과정들에 관심을 갖는다.

그렇다면 그 실제 사례라는 것은 어디서 올까? 이 사례를 찾기 위한 노력이 학생들에게는 교수들의 철저한 수업 준비 또는 수업 콘텐츠의 품질로 다가온다. 한혁수 교수는 강의법보다 콘텐츠에 더 집중하며 다양한 학회 활동, 외부 강의, 현업 종사자들의 이야기, 새로 도입된 기법에 대한 정보 등을 관련 사례에 풍부하게 포함해 전달하고자 애쓴다.

> ❝학생들이 흥미를 가질 수 있도록 최신의 사례를 중심으로
> 콘텐츠 업데이트를 위해 매번 노력하고 있습니다.❞

교수님은 콘텐츠와 강의법 중에 어떤 부분에 신경을 많이 쓰시나요? 최근에 업데이트 하신 강의 콘텐츠 내용은 무엇인지 설명해주세요.

저는 콘텐츠에 조금 더 신경을 쓰는 것 같습니다. 저는 3학년 1학기 소프트웨어 공학과 3학년 2학기에 HCIHuman Computer Interaction 과목을 강의하는데, HCI는 소프트웨어를 개발할 때, 제품의 사용자 인터페이스를 사용자 중심으로 설계하도록 이론을 학습하고, 실습을 통해 검증하는 과목입니다. 예전에는 데스크탑 소프트웨어 중심으로 강의 자료를 구성했었습니다. 하지만, 지금은 4차 산업혁명으로 인한 IoTInternet of Things를 고려해야 하고, 음성이나 제스처로 명령을 내는 부분도 다루어야 합니다.

사례는 주로 어디에서 가져오시는 편인가요?

학회 활동도 꾸준히 하고, 동영상 강의와 외부 강의도 자주 듣는 편입니다. 그리고 저는 무엇보다 현업에 종사하는 사람들과 이야기를 많이 나누는 편입니다. 현업에서 프로젝트 수행 중에 발생하는 문제점들, 새로 도입되는 기법과 도구들에 대한 정보를 얻어, 수업 시간에 학생들에게 전달하고자 노력합니다.

수업에서 이론적인 내용을 보강하기 위해 외국 대학에서 가장 많이 활용하고 있는 교재들을Pressman, Ian Sommerville의 소프트웨어 공학 도서 참조하고, 실무자들이 출판한 도서들 Steve McConnell의 『프로젝트 생존전략』, 『Code Complete』, 『NHN은 이렇게 품질관리 한다』 등의 실무 사례들도 활용하고 있습니다.

교수님 수업에 적용하고 싶은 혹은 영감을 주었던 강의가 있으신가요?

영감이라고는 할 수 없지만, 제가 수업하는 방식에 도움이 된 여러 강의가 있습니다. 2005년도에 싱가포르에서 리스크 매니지먼트Risk Management라는 강의를 들은 적이 있습니다. 그 날 강사 분이 강조한 것은 똑같은 용어라도 문맥에 따라 다르게 해석할 수 있다는 것입니다. 예를 들어, 리스크Risk에 대해 설명한 다음, A4용지에 자기 인생에서 리스크가 높았던 상황과 극복한 상황을 그리라고 합니다. 이 때 사용하는 리스크라는 단어를 소프트웨어 프로젝트에서 사용하는 리스크와 똑같은 개념으로 이해하라고 설명을 해줍니다. 소프트웨어 프로젝트에서 리스크의 의미는 프로젝트 성공을 위해 열심히 노력함에도 불구하고 프로젝트에 나쁜 영향을 미칠 수 있는 잠재적인 위험들을 의미합니다. 예를 들면, 요구사항의 변경, 예상치 못했던 기술의 어려움 등이지요. 수업에 참여한 학생들은 프로젝트에서 사용하는 리스크의 개념을 잊어버리고, 리스크라는 단어만 생각하고 본인들이 겪었던 위험천만한 경험들을 그려 냅니다. 예를 들어, 어떤 사람은 술을

한혁수 교수의 인터뷰 모습 ■■■

먹고 역주행을 했다가 살아남은 것, 홧김에 3층에서 뛰어내렸는데 살았다는 것들을 그리는 것입니다. 이 강의를 들은 후에, 그만큼 하나의 용어를 정확하게 가르치는 것이 중요하다고 생각하게 되었고, 용어를 정확히 이해했는지에 대해 철저히 점검하게 되었습니다.

> ❝ 효과적인 이해를 위해 질문 리스트를 작성해둡니다. ❞

수업에서 학생들과 소통하고, 참여를 유도하는 노하우가 있을까요?

저는 학생들에게 수업 참여도에 따라 수업의 질이 결정된다고 이야기합니다. 물론 교수인 나도 열심히 강의하겠지만, 학생인 너희들도 열심히 참여해야 한층 수준 높은 강의가 진행될 수 있다고 말합니다. 학생들의 이해 정도를 파악하기 위해 질문을 많이 하는 편인데, 수업 때 질문을 할 내용들을 미리 추려서 정리를 해놓는 편입니다. 질문하기 시작하면, 학생들이 긴장하고 때로는 힘들어하기도 하지만, 중요한 개념의 이해 정도를 파악하는 데에 도움이 됩니다. 학생들 입장에서도 친구들의 대답을 통해 다시 한 번 개념 정리를 할 수 있는 기회를 제공한다고 생각합니다.

언제 어디서나 환영받으며 사회에 기여하는 인재, '일 잘하는 학생'을 만들기 위한 노력의 일환으로 한혁수 교수는, 실무 중심 교재를 찾기가 쉽지 않아 직접 집필해 출간할 정도다. 일 잘하는 방법을 배운 강의를 하는 교수로 기억되길 원한다는 그는, 그러나 대학은 분명 직업훈련소와 다르다고 강조한다. 기술과 업무만 익히는 게 아니라 왜 이런 학문이, 이런 이론이 존재하는가에 대한 가치와 믿음이 우선해야 한다고, 왜 배워야 하는지 제대로 느끼게 해야 한다는 것이다. 대학에서 배운 아주 사소한 지식이라도 실무에 직접 적용하는 순간, 왜 배웠는지를 느끼고 그 필요성을 절감하게 되는 것이다.

　　한혁수 교수는 프로젝트를 평가할 때 학생 개별 점수가 아닌 팀 단위로 평가를 매긴다. 학생 간 불화나 교수에 대한 불만이 발생할 여지가 있긴 하지만, 실제 사회에서 회사에 입사하면 다양한 사람들과 협업해 문제를 해결해야 한다. 따라서 불특정한 상황과 팀원에 대한 상호작용과 배우고 논의하며 합의하는 과정 자체가 최상의 결과를 향한 노력의 일환이라는 것을 강조하며 그는 다시 한 번 현실 사회와 강의실을 하나로 잇는다. 강의 목적, 인재상, 수업 방식이 균형을 이룬 듯하다는 칭찬에 체계를 중시할 뿐이라는 대답이 돌아온다. 단합을 방해한다는 이유로 동료 평가를 활용하지 않는 한혁수 교수는 오늘도 여전히 평가 개선 방안을 고민 중이다.

강

상

욱

KANG
SANGWOOK

미국 MIT 화학공학과 박사후과정
2010년 대한민국 최연소 남자 대학교수로 상명대학교 부임
2016 마르퀴즈 후즈 후 인명사전 등재
(현) 미래융합공학대학 화학에너지공학과 부교수

화학에 친숙하게 다가갈 수 있도록 도와주는 교수

'화학'이라는 말만 들어도 우리의 머릿속은 복잡해진다. 원소, 원자, 분자, 아무리 공부해도 늘지 않는 외국어 같은 원소기호, 심지어 이미 어려운 이 물질과 물질 간의 결합 그리고 확장.

그런데 강상욱 교수의 화학 강의를 들은 학생들은 전공과 상관없이, "2시간 내내 재미있는 강의", "과학이 친숙해지는 강의", "과학이 두려운 사람도 쉽고 재미있게 들을 수 있는 강의"라며 입을 모아 추천한다.

학생들이 그의 강의에 이렇게 열광하는 비밀은 무엇일까? 복잡하고 딱딱하고 어렵고 선뜻 다가서기 힘든 그 무뚝뚝한 화학을 어떻게 풀어내는 것일까? 비결은 바로 '연결'이다. 강상욱 교수는 물질 간 결합과 연결을 기초로 하는 화학을, 우리 일상 생활과 연결해 전하고 있었다.

연간 최우수 강의 선정의 핵심 키워드, '연결'

　　4차 산업혁명의 키워드는 바로 '연결'이라고 한다. 사람과 사람, 사물과 사람, 기계와 기계, 기계와 사람 등 다양한 존재를 언제 어디서나 연결하고 그로부터 또 새로운 가치를 창출하는 것. 4차 산업혁명 시대의 핵심 가치다.

　　이러한 시대가 요구하는 인재를 양성하려면 첨단 지식을 전수하기 보다 인문학과 자연과학 등 기초 학문 공부와 인간에 대한 깊은 통찰과 이해가 선행되어야 한다. 학문에서도 '융복합'이 그 어느 때보다 중요해졌고, 실제로 문·이과에 대한 경계도 점차 사라지고 있다.

　　이런 시대이기에 강상욱 교수의 과학 강의가 더 큰 의미로 다가온다. 단편 지식 암기, 문제 풀이를 위한 테크닉만 쌓아온 학생들에게 늘 낯선 학문이던 과학. 전공 지식과 실생활을 연결하고 학문 간 융복합을 중시하는 그가 강의의 초점을 흥미와 유용성에 맞추는 것은 지극히 당연한 연결이다.

　　❝학생들이 지식의 유용성을 매 순간 느낄 수 있도록
　　　　　　　　　　　과학을 실생활과 연결시켜 설명합니다. ❞

교수님의 강의는 매년 최우수 강의로 선정이 되고 있습니다. 그 이유는 무엇이라고 생각합니까?

　　　　　　　　　　　　경륜과 강의 경험이 많으신 교수님들도 계신데, 제 강의가 우수강의라고 하는 것이 조금 부담스럽고, 쑥스럽습니다. 제 생각에, 학생들이 제 강의를 좋아하는 이유는 학생들이 대학에 들어오기 전까지 배운 지식과 대학에서 새롭게 배우는 지식을 잘 연결해주기 위한 노력 때문이라고 생각합니다. 특히 저는 학생들에게 제 분야의 지식과 그들이 흥미 있어 하는 사건, 일상 생활을 연결해서 쉽게 이해시키기 위해 노력합니다.

　　저는 한때 학생들이 '왜 과학에 흥미가 없을까?'를 깊이 고민한 적이 있습니다. 그리고 그에 대해서 '잘해야 재밌다.'라는 결론을 내리게 되었습니다. 그래서 제 강의의 핵심은 학생들이 '자신감을 가지고 잘 할 수 있게', '충분히 깊이 있는 사고를 할 수 있게' 하는 것에 있습니다. 이렇게 학생들을 이끌기 위해서는 최대한 학생들의 흥미를 유도해야 합니다. 많은 교수님들께서 공감하시겠지만, 학생들은 잘하게 되었을 때 흥미를 갖습니다. 처음부터 흥미를 가지고 그 분야에 뛰어들어 탁월한 실력을 보여주는 사례는 극히 드뭅니다. 그래서 저는 최신 사례들을 통해 실생활에서 지금 배우고 있는 지식이 어떻게 활용되고 있는가, 그 원리는 무엇인가를 충분히 설명하여 실생활과 계속 연결 지을 수 있도록 합니다. '내가 배우는 지식이 이렇게 유용하게 사용될 수 있구나.'를 학생들이 느낄 수 있도록 하는 방식으로 동기를 부여해주고자 노력합니다.

일반적으로 학생들이 과학을 어려운 학문으로 생각하고 있는데, 왜 학생들은 과학을 처음에는 어려워 한다고 생각하십니까?

　　　　　　　그 부분은 제가 이렇게 강의의 방향을 '흥미와 유용성'으로 초점 맞추게 된 이유와도 유사한 것 같습니다. 일단, 학생들이 과학에 흥미를 갖지 못하는 이유는 중등교육과정을 거치면서 입시라는 틀에 갇힌 과학을 공부했기 때문이라고 생각합니다. 단편적인 지식들을 기계적으로 암기하거나, 문제 풀이를 위해서 테크닉을 쌓는 것에만 초점을 맞추어 공부를 하다 보니 과학이라는 과목이 너무 딱딱하고 지루하기만 한 것입니다. 중학교, 고등학교 교과서만 보더라도, 지나치게 다양한 지식들을 요약본처럼 훑고 지나가려고 하기 때문에, 깊이 있는 사고를 유도하기에는 한계가 있습니다. 즉, 교과서만 보고서는 그 지식이 왜 중요하고, 어떻게 활용되는가, 어떤 지식들과 연관이 있는 것인가를 파악하기가 쉽지 않습니다. 그래서 학생들에게 과학 자체가 낯선 학문이 된다고 생각합니다.

또한 이건 개인적인 생각이긴 합니다만, 우리나라가 교육과정상 문과, 이과로 나누어

━━━━ 강상욱 교수의 인터뷰 모습

져 있는데, 문과뿐만 아니라 이과 학생들에게 "과학이 정말 좋아서 왔느냐?"고 물어보면, 많은 학생들이 "영어를 못 해서요.", "사회 과목이 싫어서요.", "수학 점수가 높아서요." 라고 대답합니다. 즉, 과학이 좋아서가 아니라 다른 과목을 못하거나 싫어해서 온 경우가 많은 것입니다. 실제로 고등학교 선생님들 중에는 7~80%가 문과 출신으로, 이과 출신의 선생님이 극히 드물고, 학생들이 진로에 대해 고민을 할 때 과학에 대한 깊이 있는 고민이나 성찰, 진로상담이 이루어지지 못하고 있는 것 같습니다. 이런 학생들이 대학에 온다고 해서 갑자기 과학에 흥미가 생기는 것은 아니기 때문에, 이들에게 흥미를 느끼게 하는 것이 가장 중요합니다. 그리고 그렇게 했을 때에 비로소 학생들은 자신감을 가지고 과학을 공부할 수 있습니다.

교수님 강의는 문과, 이과 계열의 학생들이 모두 좋아하는 것 같습니다. 그 비결은 무엇이라고 생각하십니까?

방금 말씀드린 것처럼 저는 학생들의 수준을 살펴서 그에 맞는 실제 이야기를 던져주기 위해 많은 노력을 하고 있고, 학생들이 최대한 즐겁게, 흥미를 가지고 제 분야의 이야기를 들을 수 있도록 하는 데 신경을 쓰고 있습니다.

노하우라고까지는 할 수 없지만, 최대한 다양하고 흥미 있는 사례를 중심으로 강의를 이끌어 나갑니다. 저에게 강의란 전문지식을 알게 하고 생각할 기회를 주는 것입니다. 그래서 학생들이 최신의 사례들이나 생활에서 익숙하게 찾아볼 수 있는 사례들을 들어 원리를 알려주려고 하고 있습니다. 그러한 사례들을 찾아보고 분석하는 과정에서 자신이 배우는 지식과 실생활을 유기적으로 연결하여 생각을 해볼 수 있도록 합니다. 그렇게 하다 보면, 이에 대해 많은 질문을 하게 되는데, 학생들은 그런 질의응답을 통해 근본적인 원리를 보다 심층적으로 이해하게 됩니다.

예를 들어, 학생들에게 제가 "정수기에는 필터가 들어가지요. 그럼 필터는 어떻게 만들까요?"라고 질문을 던지면, 이에 대해 학생들이 다양한 답변을 줍니다. 그러다가 제가 다시 "그럼 제가 들고 있는 이 플라스틱에 아주 작은 구멍을 뚫는 방법은 무엇이 있을까요?"라는 질문을 던지면 이에 대해 학생들이 또 다양한 이야기들을 해줍니다. 학생들의 이야기가 과학적으로 어떤 부분이 맞고 어떤 부분이 틀린지를 설명한 다음 유사한 질문들을 몇 번 더 합니다. 그러면 수업을 듣는 모든 학생들이 그 순간만큼은 그 현상에 대해 고민을 해보는 계기를 갖게 됩니다. 그런 고민들 후에 제가 정확한 과학적 설명을 해주면 학생들의 이해도는 훨씬 더 높아지게 됩니다.

처음부터 사례를 중심으로 강의를 하셨나요?

2010년 처음 강의를 시작했을 때부터 저는 사례를 중심으로 수업을 하려고 노력했던 것 같습니다. 사실 저는 교수가 되기 전에 입시 강의를 많이 한 편인데, 하다 보니 '어떻게 학생을 집중시킬 수 있는지?', '이 학생이 진짜 이해를 하고 있는 것인지?'를 수월하게 판단할 수 있게 되었습니다. 그런 부분이 수업을 진행하는 데 많은 도움이 되는 것 같습니다. 그리고 사례 기법의 강의를 중심으로 수업을 하고자 하는 이유는 학생들에게 실생활과 결부시켜 지식의 유의미성을 전달하고자 하는 부분도 있지만, 지속적인 주의 환기를 하려는 것도 있습니다. 학생들이 2~3시간을 쭉 집중하기는 쉽지 않습니다. 새로운 자극을 계속 주려다 보니 흥미로운 사례를 많이 다루려는 노력을 하게 되는 것 같습니다.

학년별, 계열별 눈높이는 어떻게 맞춰주고 계십니까?

1학년들의 경우에는 전공의 기초, 가장 기본적인 지식들이 체계적으로, 명확하게 쌓일 수 있도록 하는 데 초점을 맞추고 있습니다. 기초가 흔들리는 경우에는 나중에 새로운 개념을 받아들이거나 새로운 지식을 창출해 나가는 데 어려움을 겪을 수 있기 때문입니다. 또한 에너지화학과 1학년 같은 경우에는 어떻게 하면 전공분야에 본인 스스로 흥미를 더 느끼게 할 수 있을까에 대해서도 고민을 많이 합니다. 하지만 학년이 높아지게 되면, 기초지식이 잘 다져진 상태에서 더 심화된 지식을 다루게 됩니다. 많은 양의 복잡한 지식들을 효과적으로 습득해야만 하는 과정이 됩니다. 저는 이 때 학생들이 지식을 습득하는 것뿐만 아니라 깊이 있게 사고를 할 수 있도록 다양한 질문들을 준비합니다. 4학년은 이제 마지막 과정을 거치는 학생들인데, 3년 동안 배운 화학 지식을 집중적으로 정리하고, 이것이 어떻게 실용적으로 쓰일 수 있을지를 배우는 학년입니다.

저는 대학과정에서 단편 지식을 암기하는 것을 좋아하지 않지만, 반드시 알아야 할 지식이라고 판단되는 경우에는 학생들이 완벽하게 그 지식을 머릿속에 넣을 수 있도록 때로는 주입을 시키려 노력하기도 합니다. 원리중심으로, 다양한 사례를 통해 지식들을 연결 짓고, 반복해서 설명하다 보면 학생들은 어느새 필수적인 지식에 익숙해지고, 이해하여 기억할 수 있게 됩니다.

마지막으로 화학과 대학원생 단계로까지 나아가면, 전공 지식을 실생활에서 응용할 수 있는 새로운 방법들을 개발할 수 있는 역량을 갖출 수 있도록 도움을 줍니다. 활용할 수 있는 지식의 범위를 최대한 확장시켜 문제를 탐색하고 다양한 기초지식들을 이용하여 문제들을 해결하기 위한 방법들에 대한 논의를 합니다.

학년에 상관없이, 교양의 경우에는 문과생들도 있기 때문에 수업에서 다루는 내용이 왜 중요한지를 모를 수가 있습니다. 그래서 교양 수업 같은 경우에는 최소한의 기초 지식을 알고, 과학에 흥미를 가질 수 있도록 설계를 합니다. 최근 뉴스기사가 어떤 것을 의미하는지, 무엇을 반영하는지 사회 이슈나 사례를 기반으로 강의를 합니다. 그래서 과학에 대해 흥미가 없던 학생들이 덕분에 과학이라는 과목에 흥미를 갖게 되었다는 이야기를 느낄 때마다 희열을 느낍니다.

지식의 '재조합'

정보가 넘쳐나는 시대, 계속해서 새로운 것을 만들어 내고 익혀야 하는 이 시대에 올바른 교육방법은 무엇일까?

창의성이 중요하다고들 하지만, 강상욱 교수는 무엇인가를 새롭게 창조하는 과정이 반드시 '무無에서 유有'를 의미하는 것은 아니라고 강조한다. 그보다는 기존 지식에 지식을 더해, 즉 '재조합'과 응용을 통해 발전이 이루어지는 경우가 더 많다는 것이다. 실제로 노벨상도 '발명'이 아니라 '발견'에 대한 공로로 받은 경우가 많다. 전혀 새롭게 갑자기 등장한 지식이나 발명 같지만 실은 여러 기본 원리가 연결되고 재조합, 융복합된 결과물이라는 것이다.

학문이 아닌 다른 사회 분야에서도 학생들은 지식을 끊임없이 재조합하며 문제를 해결해야 한다. 전문성 외에도 더 중요한 이 창의성을 우리 대학 교육에서는 어떻게 길러낼 수 있을까? 강상욱 교수는 지식을 재조합해 생각할 기회를 주라고 말한다.

> ❝ 시험의 맨 마지막 문제는
> 배운 것만으로는 해결할 수 없는 문제를 냅니다. ❞

교수님께서는 강의 내용과 평가를 어떻게 연결하고 계십니까? 평가를 위해 특별히 하시는 활동이 있나요?

특별한 활동이라기보다는 평가에서 반드시 하는 일이 한 가지 있습니다. 바로 기말고사 시험의 마지막 문제를 '배운 것만으로는 해결할 수 없는 진짜 문제'를 제시하는 것입니다. 제가 중요하게 생각하는 것이 지식의 응용이기 때문에, 그런 역량을 키워주기 위해서 그러한 문제를 제시하게 되었습니다. 단순히 배운 내용을 암기해서 푸는 것은 학생들의 창의성을 키워주는 데 적합하지 않다고 생각했습니다. 학생들은 졸업 후에 배운 지식들을 끊임없이 재조합하는 과정을 통해 새로운 문제들을 지속적으로 해결해나가야만 합니다. 그리고 그렇게 실제 사회에서 제시되는 문

연구실에서 강상욱 교수의 모습 ━━━

제들은 이렇게 하면 된다는 특정 답이 없기도 합니다. 그리고 학생들은 새로운 기술과 작품들을 지속해서 만들어나가는 역할을 하게 됩니다. 그래서 저는 학생들이 수업에서 배운 내용을 바탕으로 새로운 접근과 지식의 재조합 과정을 거쳐야만 쓸 수 있는 문제를 기말고사에 기출하게 되었습니다. 이 문제는 때때로 실제 기업이나 학계에서 논의되는 내용과 연관성이 있는 내용으로 나가기도 하는데, 학생들의 답을 보면 예상 외로 매우 창의적이거나 실제로 그 문제를 해결하는 데 활용될 수 있을 정도로 논리적이기도 합니다.

하지만, 대부분의 학생들이 갑자기 배우지도 않은 문제를 접하면 당황하거나 좌절할 수 있기 때문에 중간고사가 끝난 직후에 기말고사 마지막 문제를 미리 알려줍니다. '기말고사 마지막 문제가 이것이다.'라고 미리 공지를 해주고 나면, 그 이후의 학생들의 태도가 많이 달라집니다. 학생들은 수업을 들으면서 계속해서 그 문제를 상기하고, 그 문제를 풀기 위해 지금 자신이 배우고 있는 내용을 어떻게 연계를 할 것인가에 대해 다양한 고민들을 하게 됩니다. 수업 내용에도 실제로 더 집중을 많이 합니다. 자신이 배우는 어떤 내용이 그 문제를 해결하는 데 도움이 될지 모르기 때문에, 실마리들을 찾아가기 위해서 노력을 하게 됩니다. 수업도 그냥 수동적으로 받아들이는 것이 아니라 계속 생각을 하면서 듣게 됩니다.

수업을 통해 학생들의 융복합 역량을 촉진하기 위해 어떤 노력을 하고 계신가요?

최근 첨단과학 기술들이 계속 개발되고 시장에 계속 출시되고 있는데, 이렇게 '새로운 아이디어'가 하나의 제품으로 만들어지고 있는 과정들을 보면 아주 새롭기만한 것들은 아닙니다. 앞서 말씀드렸지만 매우 복잡해보이는 것들, 아주 새로워보이는 것들도 하나하나 뜯어보면 결국 여러 가지 기본 원리들이 융복합되어서 제품이 만들어지는 것입니다. 저는 학생들이 이런 점을 잘 이해하고 가장 기본적인 원리들부터 정확히 이해해서 기초를 튼튼히 할 수 있기를 바랍니다.

그리고 저는 기말고사 맨 마지막 문제를 주로 "그동안 배운 과학정보를 재조합하여 새로운 제품을 디자인 하시오."라고 내고, 한 달 전에 미리 공지를 합니다. 학생들이 적어도 자신이 배운 내용들을 스스로 조합하고 응용할 수 있는 기회를 주어 융복합 역량을 향상시켜 주기 위해 노력하고 있고, 실제로 학생들이 제출한 내용 중에는 상당히 기발하고 상품성이 높은 것들도 많습니다.

━━━ 강상욱 교수의 수업에 참여한 학생들의 의견

"배웠던 것들을 늘 다시 새겨볼 예정입니다. 학교 가는 것이 기다려지는 유일무이한 수업이었습니다."

"문과가 들으면 정말 좋은 이과 수업입니다. 일단 교수님이 수업을 재미있게 해주시고, 100명이나 되는 학생들의 이름을 모두 외워주시려고 하는 것도 좋았습니다."

"과학이 두려운 사람들도 쉽게 들을 수 있어서 좋았습니다."

"강상욱 교수님 수업은 제가 상명대학교를 다니면서 들었던 수업 중 최고의 수업이었습니다."

"교수님께서 너무나 친절하시고 재미있습니다. 수업내용도 엄청 유용합니다."

"문과에게 적합한 이과 교양이라는 말이 딱 맞는 듯합니다. 교수님께서 너무나 친절하시고 재밌으셔서 시간이 가는 줄 모르게 수업을 들었습니다. 그리고 수업내용 자체가 유용해서 문과학생에게도 충분히 도움이 많이 됩니다."

"저는 문과생입니다. 과목 이름은 너무 최악이지만, 교수님의 평가가 좋아서 들어보았는데, 역시 명불허전이었습니다. 매 수업 제 이름을 불러주신 것도 즐거운 경험이었습니다."

"출결점수가 없는데도 나갈 수밖에 없었던 수업입니다. 정말 추천하고 싶습니다."

인터넷이 제공하는 정보의 바다는 어떤 정보가 더 귀하고 유용한 물고기인지를 알려주지 않는다. 전공 그리고 다양한 교양 강의는 새로운 지식을 선별해 받아들이고 어떻게 자기 것으로 만들어야 할지를 체득시킨다. 지식뿐만 아니라 융복합의 사고 경험을 제공하는 것이다. 사고 또한 꾸준히 훈련한 사람만이 잘할 수 있다.

강상욱 교수는 반드시 알아야 할 기본 원리일수록 더 다양한 사례를 통해 지식과 연결하고 반복 학습시킨다. 그는 또한 과학 강의에서는 교과서 순서에 무조건 맞추지 않고 각 장의 특정 부분을 서로 연결해 설명하면 이해가 더 쉬운 경우가 많다고 강조한다. 그 연결고리를 찾는 것 또한 중요한 강의 포인트이다. 지식과 지식, 지식과 일상을 연결해 강의하는 강상욱 교수다운 방식이다.

잘해야만 더 흥미를 갖는다. 과학이 낯설고 과학에 자신이 없어 과학에 흥미를 잃은 학생들에게 가장 가깝고 친근한 사례를 통해 과학 지식을 전하고, 그 지식으로 스스로 삶의 문제를 해결하고 연결하는 방법을 가르치는 강의. 학생과 삶과 과학 그리고 재미의 연결. 전공 구분 없이 학생의 눈높이에 맞춰 추구해온 가치를 통해, 강상욱 교수는 과학 강의와 삶의 융복합을 몸소 증명한 셈이다.

오

세

원

OH
SEWON

코오롱엔지니어링 기술연구소
2001년 상명대학교 부임
University of Florida, 환경공학과 방문연구원
(현) 공과대학 그린화학공학과 교수
　　입학처장
　　충청남도 자체평가위원회 위원

'온화한 카리스마'로 깊이 있는 학습을 이끌어내는 교수

오세원 교수는 송풍기, 설계, 압력손실, 에너지 등의 딱딱한 공학개념을 설명하다가 수업 분위기가 좀 느슨해지면 학생들에게 중급 난이도의 퀴즈를 풀게 한다. 학생 스스로 문제 상황을 탐색하고 공학지식과 사고방법을 토대로 문제를 해결하는 과정을 통해 '지금까지의 수업내용을 잘 이해하고 있는지, 더 나아가 적용하고 응용할 수도 있는지'를 점검하게 한다. 설령 오답을 제시해도 벌점 대신 '풀이과정'에 대한 꼼꼼한 피드백을 받을 수 있으며 가끔 교수님에게 '창의적인 풀이방법'이라는 예상치 못한 칭찬을 받기도 한다. 학생들은 이러한 과정이 "전공지식을 가볍게 훑고 지나가는 수업이 아니라 깊이 있게 배운다는 느낌, 수업 내용을 완전히 내 것으로 만들었다는 느낌을 준다"고 응답한다.

미국의 교육심리학자 벤자민 블룸이 강조한 완전학습(Mastery Learning)은 다음과 같은 과정을 거친다. 교수자는 우선 형성평가를 통해 학생들의 수준과 어디에서 오류를 범하는지를 확인한다. 그 후 이를 바탕으로 더 나은 설명과 명료화 과정을 거쳐 학생들을 교정하는 과정을 반복한다. 이러한 수업을 통해 학생들은 지식과 기능을 내면화할 수 있으며 학습에 만족감을 얻게 된다고 한다. 오세원 교수의 수업은 블룸의 완전학습 모형을 닮았다. 수업에 참여한 학생들은 자신의 선수학습 수준을 파악할 수 있으며 다음 문제를 해결할 단초가 되는 현재의 수업내용에 집중하며 이해의 폭을 넓혀간다.

나무를 보지 말고 숲을 보라!

❝ 전공 수업에서는 그 학문에 대한
　　　전체적인 그림을 그린 후에 세부 내용들 간의 관계를
　　　구체적으로 파악할 수 있도록 도와주어야 합니다. ❞

교수님께서 담당하신 수업들에 대해 간략하게 설명을 부탁드립니다.

전공수업들은 각 교과목들이 일정한 규칙과 수업목표를 가지고 배열되어 있습니다. 각 교과목들은 서로 밀접하게 연관이 되어 있어서 이전 내용을 이해하지 못하면 그 다음에 배우는 내용을 이해하기가 쉽지 않습니다. 환경공학이라는 숲을 보고 그 흐름을 알게 되면 내가 지금 공부하고 있는 내용이 전체의 어디쯤에 있는지를 알 수 있게 됩니다. 그래서 내가 예전에 배웠던 내용에 이어서 오늘 공부하는 내용을 연결지어 생각해보게 되고 다음에 배우는 내용도 짐작해볼 수 있게 됩니다.

제가 강의하는 수업은 환경공학전공 분야 중 대기오염 관련 과목입니다. 이들 과목은 2학년 1학기부터 4학년 1학기까지 5학기 동안 다섯 강좌가 연속성 및 연결성을 가지고 있습니다. 물론 졸업에 필요한 전공취득학점을 고려하여, 전체 과목을 다 수강하지 않아도 개별과목의 수강에는 문제가 없도록, 전체적인 흐름 및 통일성은 유지하되 개별과목의 독립적인 수강도 가능하도록 교과목들을 설계하였습니다.

모든 과목의 첫 시간에는 제가 강의하는 대기오염분야 과목의 전체적인 흐름과 연계성, 그리고 해당 과목이 그 중에서 어떤 위치에 있는지를 공유합니다. 또한 과목을 수강한 후 습득할 수 있는 능력에 대해 구체적으로 설명하여, 뚜렷하고 구체적인 목표와 방향성을 갖도록 지도합니다.

예를 들면, 2학년 1학기의 대기오염개론은 이들 과목 중 가장 기초가 되는 첫 과목으로, 과거에는 전공필수에 해당되었습니다. 이 과목에서는 대기오염현상의 물리 화학적 이해에 기반한 공학적 내용을 중심으로 강의가 이루어지나, 이와 함께 특히 오염문제를 해결하기 위한 노력 뒤에 숨겨진 철학적, 사회학적 논쟁에 대한 사고의 기회를 제공하고자 주요 사례와 여러 정책에 대해서도 학습합니다. 이후 2학년 2학기와 3학년 1학기에는 이들 각종 대기오염물질을 제어하는 기술에 대하여 대기오염방지공학과 대기오염제어공학에서 학습합니다. 이 두 수업에서는 제어 기술에 대한 물리 화학적 이해에 기반하여, 제어 장치를 설계할 수 있는 것을 학습목표로 수업이 진행됩니다. 이후 3학년 2학기에는 이들 현상과 적용한 제어기술의 효용성을 확인할 수 있는 오염물별 측정법을 대기시료채취 및 분석에서 실험수업을 중심으로 진행합니다. 마지막으로 4학년 1학기에는 최종적으로 환경공학도로서 대기오염물을 제어하는 전체 공정을 설계할 수 있는 공정설계법에 대해 대기오염공정설계에서 학습합니다.

> 66 실생활과 연결된 수업내용이 학생들의 흥미를 유발합니다. 99

수업방식은 어떻게 진행하시는지요?

제가 강의하는 과목은 모두 40명 이내의 전공교과로, 주로 이론 강의로 진행됩니다. 그렇다 보니, 지루해질 수 있어서 가급적 학생들이 이해하기 쉽게 가능한 한 실생활에서 경험하고 있는 일들에서 관련된 사례를 통해 개념을 설명하는데요. 익숙한 일상의 문제들은 학생들의 흥미를 유발시키고 또 전공내용의 중요성을 부각시키는 데도 도움이 됩니다. 요즘에는 워낙 미세먼지에 대한 이슈가 뜨거워지고 있어서 '창밖을 보세요. 오늘 육안으로 봤을 때 가시거리가 몇 미터인 것 같아요?'라는 질문으로 수업을 시작하기도 합니다.

2학년 대기오염개론에서는 개별 학생들의 가정에서 배출되는 연간 대기오염물 배출량을 계산하는 과제를 통해, 공학적

——— 오세원 교수의 인터뷰 모습

계산과 실생활과의 연결을 경험할 수 있게 합니다. 물론 이를 위해서는 각 가정에서 도시가스 사용량과 자동차 연료 소비량 등을 알아야 하는데, 이는 자연스럽게 학생들이 가정에서 부모님들과 함께 대학에서의 학업 성취에 대하여 이야기 할 수 있는 기회가 되기도 하지요.

수업을 하면서 어려웠던 순간이 있다면 언제인가요?

수업상황에는 다양한 변인이 존재합니다. 일례로 올해 신입생들의 특성과 수업 분위기, 사전학습의 수준 등이 작년과는 또 다르니까요. 교수자는 그 변인들을 제대로 통제할 줄 알아야 당초 계획한 수업목표를 달성할 수 있을 텐데 이때 교수자의 수업 전문성이 매우 중요한 요소라고 생각합니다. 제 경우를 보자면 가장 어려운 순간은 봄과 가을의 오후 1시-3시 수업에서, 밀려오는 졸음으로 학생들이 힘들어 할 때입니다. 퀴즈를 풀기도 하는데 요즘에는 좀 더 학생주도적인 방식으로 수업을 할 수 없을까를 고민하고 있습니다.

수업설계도 고민스러운 부분인데요. 제가 특히 어렵게 생각하는 것은 실험과 실습을 강의 중에 어떻게 구성할 것인지 입니다. 공학 분야에서 실험과 실습은 이론적인 이해를 실증적으로 확인하고 체험하는 단계로, 이를 통해 이해의 폭과 깊이가 확대되고 응용능력을 함양하게 됩니다. 하지만 공간과 시간 등 여러 제약으로 인해 적절한 인원수의 조별 실험을 구성하기가 어려운 경우가 많습니다. 저는 측정 및 분석 실험의 경우에 개별 학생들이 모두 수행하도록 구성하며, 조별로 측정 자료를 공유하여 통계적인 분석을 수행하도록 하고 있습니다.

대학의 수업은 마음껏 실패를 경험하는 곳

학생들의 동기부여를 위한 팁을 알려주세요.

　　　　　　　　대학의 수업은 '마음껏 실패를 경험하는 곳' 이어야 한다고 생각합니다. 사회에서의 실패는 쉽게 허용되지 않지만 대학은 학생들이 시 행착오나 실수를 통해 자신의 미숙함을 확인하고 좀 더 정교하게 완성할 수 있도록 역량을 키우는 곳이니까요. 수업시간에 학생들이 지루해하거나 어려워할 때 한 학기에 한두 번 정 도 사전에 예고 없이 중요 계산 문제를 풀어서 제출하게 하는데, 이때 주변의 학생들과 토 론도 가능하게 합니다. 정답을 찾는 것도 중요하지만 그 답을 찾는 과정이 더 중요하고 이 때 다양한 경로가 존재할 수 있다는 것을 집단지성을 통해 찾아내게 합니다. 제 수업을 듣는 학생들은 오답일지라도 그 나름의 의미가 있을 수 있다는 것을 알고 있습니다. 한편으로는 이를 통해 공학에 있어서 협업의 중요성오류의 최소화 등을 이해할 수 있는 기회를 주고자 합니다.

수업과제 예: 대기오염방지공학 - 원심력집진기 설계 프로그램 작성

'온화한 카리스마'로 깊이 있는 학습을 이끌어내는 교수 　오세원 교수

학생들은 교수님의 친근한 모습을 인상적이라고 하였는데, 학생들과의 관계는 어떠신가요?

저는 수업시간 이외에는 후드티나 학과 단체복 등 캐주얼한 차림을 즐겨하는 편입니다. 학생들과의 세대차를 줄이고 싶지만 별다른 비법은 없는데요. 다만, 학생들과의 상호작용은 가장 중요하다고 생각합니다. 전자출결이 시작되었지만 출석은 항상 눈을 맞추면서 이름을 불러 확인합니다. 이를 통해 한 학기가 지난 후에는 학생들의 이름을 다 알게 되고, 상호 유대감이 형성되도록 합니다. 요즘에는 입학처장을 하면서 신입생들이 학교생활에 잘 적응하는지 신경이 쓰입니다. 학과 학생회 활동이나 동아리에 적극적으로 참여할 수 있도록 잔소리를 하기도 합니다.

진짜 어려운 시험 '오픈 북 테스트'

> ❝ 좋은 평가방식은 학생의 학습동기를 유발시키는
> 가장 좋은 도구라고 생각합니다. ❞

평가는 어떻게 진행하고, 평가결과는 어떻게 공유하시는지요?

평가는 대부분 Open Book Test로 중간고사, 기말고사를 2회 실시하고, 중간고사 후에는 그 결과에 대하여 개별적으로 면담을 시행하여, 조언과 격려를 통해 성취에 대한 동기부여를 하고 있습니다. 또한 Open Book Test가 공학자들에게 필요한 것은 단순히 암기를 통한 개괄적인 기술의 이해가 아닌, 기존에 도출된 다양한 기술 자료들을 이용하여 기술을 적용하는 장치의 설계임을 명확히 이해시키고자 합니다.

Open Book Test로 상대 평가를 진행하기가 쉽지 않으실 텐데요. 평가와 관련하여 학생들의 불만이나 이의제기는 없나요? 평가기준도 궁금합니다.

중간고사나 기말시험을 볼 때 학생들은 스마트폰 등 전자기기는 사용할 수 없고 전공 교재만 참고할 수 있습니다. 전공수업이 꽤 많은 양의 필기도 필요하고 배우는 내용이 많기 때문에 기존의 시험형태로는 학생들이 단순암기식 시험공부를 할 우려가 있다는 생각이 들었습니다. 시험문제를 푸는 과정에서 필요한 정보는 마음껏 참고하도록 하고, 탐색한 정보를 응용하고 고차원적으로 이해하여 활용하는 능력을 평가하고 있습니다.

평가기준은 최종 설계 값의 제시 유무를 중요한 평가요소로 적용하고 있으며, 단순 계산착오나 과정의 오류에 대해서는 그 정도를 고려하여 감점을 적용하는 형태로 평가하고 있습니다. 지금까지 학생들의 큰 불만은 없었으며, 개별적으로 평가 점수에 이의가 있는 경우는 직접 답안지를 확인하도록 하였는데, 이 과정을 통해 대부분의 학생들은 평가 결과에 대해 인정했습니다. 개별면담을 통해 점수만 확인하는데 그치지 않고 각 학생별로 격려와 학습법 지도를 합니다. 평가의 목적은 학생들의 상대적 점수를 매겨 서열을 만들기 위한 것도 있겠지만 개별 학생의 성장에 대한 확인과 격려의 의미도 있다고 생각합니다. 학생의 계산방식이 제가 가르친 방식과 다를 때도 '그렇게도 진행할 수도 있겠구나'라고 인정해줄 때도 있습니다. 실제로 학생의 계산방식이 오히려 더 창의적일 때도 있으니까요.

> ❝ 좋은 수업은 학생들에게 명확한 수업목표와
> 성취수준을 제시해주는 수업입니다. ❞

교수님의 강의가 학생들에게 특별한 이유는 무엇인가요?

다른 교수님들도 마찬가지겠지만 저는 제 수업이 특별하지 않다고 생각합니다. 다만, 저는 학생들에게 수업목표 및 습득해야 할 역량을 명확히 제시하는 편입니다. 대학 수업은 학생들이 학기를 마친 후 구체적으로 성취한 것들을 인식할 수 있는 수업이어야 한다고 생각합니다. 제 수업의 최종목표는 학생들이 대기오염을 제어하는 공정을 설계할 수 있는 능력을 갖추는 것입니다. 공학자로서 전공분야에서 생성해야 하는 최종 결과물이 무엇인지에 대한 명확한 인식과 수준의 차이는 있지만 이를 만들어 낼 수 있는 능력은 각각의 학생들이 키워야 합니다. 그러기 위해서는 교수자와 수강생들의 상호작용이 활발하게 일어나야 합니다. 각각의 학생들에게 제대로 학습이 이루어지고 있는지 지속적으로 교감하고, 이를 바탕으로 수업에 대한 눈높이를 조절하는 과정이 전체 수업기간 중에 계속 이루어져야 합니다. 학생들은 구체적으로 자신에게 배움이 일어났다고 확신할 때 만족감도 높아지고 또 그만큼 성장하는 것 같습니다. 학생들이 스스로 '배워야 할 것을 배웠'고 느낄 수 있도록 해 주었기 때문에 최우수강의에 선정된 것이 아닐까 추측하고 있습니다.

학생들을 가르치면서 가장 보람된 순간은 자발적으로 수강한 과목에 대하여 다음 연도에 해당 과목의 멘토를 자청하여 학교 지원프로그램에 지원하는 학생들을 보았을 때였습니다. 이 학생들은 해당 과목의 구체적인 성취에 대한 자신감과 함께 공학에 있어서 협업의 중요성을 인식한 것으로 생각되어, 제가 강의의 목표로 생각하는 것들이 어느 정도 이루어졌다는 생각에 보람을 느꼈습니다.

──── 오세원 교수의 수업에 참여한 학생들의 의견

"이번 학기에 들은 수업 중에 가장 이해하기 쉽고 재미있었습니다."

"항상 열정적으로 가르쳐주시는 모습 멋지세요. 늘 감사합니다."

"오픈북 시험이었지만 너무 어려웠습니다. 해를 거듭할수록 점점 더 공부가 어려워지는 것인가요?"

"수업과 관련된 심화내용들도 상세하게 설명해주셔서 전공 내용을 이해하기에 많은 도움이 되었던 수업입니다."

"처음과 끝을 교수님께 배울 수 있어서 영광이었습니다."

"기사시험을 준비하기 위한 수업인 줄 알았는데 자격증을 취득하고 보니 그보다 훨씬 학문적으로 깊이 있는 수업이었다는 것을 알게 되었습니다. 자격증 파트에서 다루지 않는 심화내용들에 대해서도 깊이 있게 알려주신 덕분에 전공에 대한 저의 안목이 많이 높아졌습니다."

'온화한 카리스마'로 깊이 있는 학습을 이끌어내는 교수   오세원 교수

교육이 '인간행동의 계획적 변화'라고 정의된다면, 이때 인간행동이란 밖으로 보이는 외현적 행동뿐만 아니라 지식, 태도, 성격 특성을 포함한 눈에 보이지 않는 내면적 행동까지 아울러 의미할 것이다. 토드 휘태커 교수의 '먼저 마음을 얻어라. 그리고 가르쳐라'라는 조언처럼 교육은 교수자와 학생 간의 인격적인 신뢰를 바탕으로 한다.

"자격증 시험 준비를 하느라 실험실을 잔뜩 어질러놓고 그대로 귀가한 일로 면담했던 일이 기억납니다. 꾸중 들을까 싶어 잔뜩 긴장하고 있는데 교수님은 '학교 실험실이 난장판이던데 정리 좀 해야겠다. 네가 학회장이니 학생들 다 모일 때 사용 규칙을 제대로 알려줄 필요는 있는 것 같구나.' 하셨어요. 주의를 주실 때도 제가 존중받는다는 느낌, 꼭 알아야 하는 부분을 일러주신다는 느낌을 받아서 감사했습니다."

"과제를 매주 내주시고 피드백은 항상 바로 해주십니다. 문제 풀이가 잘못된 경우에도 '이 값이 맞아? 다시 한 번 해 봐.'라고 전혀 기분 나쁘지 않게 피드백을 해주십니다. 교수님께 평가를 받는다기보다는 저의 이해 정도를 꼼꼼하게 확인해주시기 때문에 마음 편하게 피드백을 받을 수 있습니다."

오세원 교수는 요즘 화두가 되고 있는 4차 산업 시대를 맞아 어떤 수업으로 변화해야 할까 고민 중이다. 그가 생각하는 기본적인 교수자의 역할은 '수강생들에게 구체적인 목표를 제시하고, 이를 수업에서 구현할 수 있도록 학생들의 수준에 맞추어 단계적, 체계적으로 이끌어 가는 교수'이며 그 역할에 충실하기 위해 노력한다. '함께 소통'하며 '함께 문제를 해결하는' 오세원 교수의 수업현장에서 미래형 교실의 단초를 찾아본다.

학생의 성장을 돕는

"체계적인 수업"

. . . .

열정과 공감으로, 큰 숲을 보는 눈을 길러주는 교수	오은정
학생들의 자발적인 학습 생태계를 조성해주는 교수	이전익
끊임없이 동기 부여하고 롤 모델이 되어주는 교수	신동하
'학생 존중과 의미 있는 배움'을 통해 함께 성장하는 교수	이승택
'학생과 함께 성장 스토리'를 만들어가는 교수	허 영

. . . .

오

은

정

OH
EUNJEONG

City University of Hong Kong(홍콩시티대) 중문,
번역 및 언어학과 조교수 역임
2007년 MIT 책 출판
2009년 상명대학교 부임
세계 3대 인명사전 등재
(현) 사범대학 영어교육과 부교수
    교양대학장

열정과 공감으로, 큰 숲을 보는 눈을 길러주는 교수

최근 KBS에서 방송 중인 '강연 100℃'라는 프로그램이 있다. 한 사람이 인생의 굴곡을 겪으면서 터득한 지혜와 열정이 얼마나 큰 에너지가 되어 전달되는지 확인할 수 있는 프로그램이다. 강연하는 사람의 말소리 하나하나에 모든 사람들이 숨죽여 집중하는 순간, 그 순간이 바로 강의의 온도가 최대로 높아지는 순간이다. 강연자가 힘을 얻는 때는 화려한 언변이 빛나는 순간이 아니라, 그만이 할 수 있는 이야기를 상대방에게 의미 있게 풀어내는 순간이며, 그 이야기에 공감하는 순간이다.

영어교육학과 오은정 교수의 수업에는 늘 '열정'과 '뜨겁다'는 평가가 따라 붙는다. 학생들은 "교수님의 열정에 감탄하게 된다.", "한 명, 한 명 챙겨주시고 격려해주신다.", "영문법 향상에 가장 좋은 수업이다."라는 말을 남긴다. 오은정 교수만의 탁월한 통찰력과 강의 실력이 학생들의 이해와 공감을 충분히 이끌어낸다는 의미다.

하나하나 단계를 밟는 체계적인 눈높이 교육

'엘리베이터 효과'라는 심리학 용어가 있다. 상대가 1층에 있으면 나도 1층에서 소통해야 한다는 말이다. 눈높이를 맞추면 상대방과 더 쉽게 소통할 수 있다는 이야기다.

학생들의 수준이 지금 어디까지 왔는지, 그 다음으로 가려면 무엇이 필요한지를 알면 수업 중 교수와 학생 간 상호작용이 향상될 뿐 아니라, 그에 따라 학생들의 수업 참여도와 학습 효과도 높일 수 있다.

오은정 교수는 학생들이 중등 교육과정에서 겉핥기식으로 배운 어설픈 선지식과, 영어 공부에서 한국인이기에 장애가 되는 장벽들을 허문다. 그리고 눈높이에 맞추어 기초부터 영어학에 대한 지식을 재건해주는 작업을 강의로 펼친다. 중·고등학교 입시교육 당시 형식적인 문법만 알고 있는 1학년 수업이 가장 어렵다는 오은정 교수. 기존 지식을 깨는 작업부터 시작해 더 큰 영문법을 보는 기본 시각부터 다시 열어준다. 그리고 국어 문법과 영어 문법을 둘 다 배우는 비교언어 과정으로 우리말과 영어의 근본적인 차이를 짚어가며 원리를 가르친다.

> ❝ 나무에서 숲을 볼 수 있도록
> 단계를 만들어 주는 것이 중요합니다. ❞

교수님께서 하시는 강의의 특징은 무엇일까요?

제 수업의 가장 큰 특징은 눈높이 교육이라고 생각합니다. 저는 현재 1학년에서부터 4학년까지의 수업을 맡고 있는데, 같은 제목을 달고 있는 과목이라도 매 학기 강의는 다르기 마련입니다. 일방적으로 지식을 전달하고 강요하는 강의가 아니라, 학생들과 함께 하는 강의이기에 학생들이 바뀌면 모든 것이 달라집니다. 그리고 학년마다, 심지어 같은 학년 안에서도 수업 내용이 진행됨에 따라 분반별로 쌓아 가는 지식의 수준이 다 다르다고 생각하고 있기에, 이에 대해서 눈높이를 맞추어 체계적으로 수업을 이끌어가고자 노력하고 있습니다. 예를 들어 제가 맡고 있는 영어통

사론은 상식 차원에서 쉽게 이해되고 얻어질 수 있는 지식이 아니기 때문에 학생들이 매우 어렵게 느낄 수 있습니다. 이런 과목의 경우에는 아이들의 눈높이를 맞추어 주지 못할 경우, 겁을 먹고 포기하는 경우가 많습니다. 즉, 학생들과의 눈높이 맞춤을 통한 눈높이 교육이 필요합니다. 석학의 강의가 명강이 아닌 경우를 종종 접하게 되는데 그 이유는 그들이 알고 있는 것을 학생들이 이해할 수 있는 언어로 풀어내지 못 했기 때문입니다. 즉, 학생들과의 눈높이 맞춤에 실패했기 때문입니다. 이해가 되지 않아 어려움을 경험하고 있는 우리 학생들의 눈높이에 잘 맞춰 첫 단추를 성공적으로 끼울 수 있도록 돕고, 이를 발판으로 그 다음 단계에서도 그 단계별 눈높이에 맞는 교육을 하고 단계와 단계 사이의 연결고리를 만들어 주는 작업을 열심히 하고 있습니다. 1단계를 놓치면 2단계로 올라갈 수 없고, 2단계가 안되면 3단계로 올라가는 것이 힘들기 때문에, 저는 전달할 내용과 지식을 단계별로 설정해 놓고 학생들의 수준을 고려하여 철저히 눈높이를 맞춰 가르침으로써, 학생들로 하여금 그 지식을 체계적으로 쌓아, 나무로부터 시작하여 숲까지 볼 수 있는 넓은 시야와 깊은 통찰력을 갖출 수 있도록 지도하고 격려합니다.

학생들의 '눈높이를 맞춰준다'는 것이 어떤 것인지 구체적으로 설명해주실 수 있나요?

수업을 설계할 때, 제가 학사, 석사, 박사 과정에서 겪었던 어려움들에 대해서 많이 떠올립니다. 그 지식을 처음 접했을 때, 그리고 응용할 때, 제가 어떻게 접근을 했고 이해하는 과정에서 무엇을 어려워했고 헷갈려 했나 그리고 어떤 의문들을 가졌었는지를 제 자신에게 끊임없이 질문합니다. 제가 수업을 준비하며 가장 기본적으로 떠올리는 것은 '제가 학생들의 자리에 있었을 때 가졌던 고민들과 궁금증들' 그리고 '어떤 지식을 얻었을 때, 전체 그림을 볼 수 있는 지식의 확장을 경험했는가?' 입니다. '내가 이것을 몰라서 전체적인 그림을 못 봤었지.', 혹은 '내가 이것 때문에 비슷한 개념이라고 착각했었지.' 등의 제 경험을 수업에 녹여, 학생들이 지식들을 논리적으로 이해할 수 있도록 빠짐없이 전달하려 노력합니다. 학생들이 이해할 수 있을 때 배움으로 이어질 수 있다는 굳은 믿음 때문입니다.

개인적으로 저는 1학년 학생 대상 수업이 가장 어렵습니다. 1학년의 경우에는 초, 중, 고등학교 때 배웠던 눈에 보이는 구조를 기반으로 한 형식적 문법 분석만을 알고 있는 경우가 많습니다. 그래서 그들에게는 지금까지 알고 있던 지식을 깨는 작업부터 시작해서, 의미기반의 영어문법을 이해할 수 있는 기본기를 다져주려 노력합니다. 예를 들자면, 학생들은 '동사 뒤에 목적어가 없으면 자동사다.'라고만 알고 있습니다. 하지만, 실제로 자동사는 의미에 따라서 다시 양분화됩니다. 그리고 의미적 속성의 차이로 인하여 문법적인 속성도 달라집니다. 이렇게 저는 '의미기반'의 문법설명을 합니다. 그런데 학생들은 아직 이러한 이해가 전무한 상태이기 때문에, 저는 새로운 관점과 새로운 툴tool을 바탕으로 처음부터 차근차근 알려주기 위해 노력합니다. 1학년 때 기본적인 축이 구축되면 2, 3, 4학년 때는 연계된 지식을 체계적으로 쌓아올리고, 점차 그 지식들을 연결하여 큰 숲을 볼 수 있도록 하는 데 집중합니다. 단순한 지식 습득이 깨달음으로 이어지기 위해서는 '왜 그러한가?'에 대한 원리적 설명이 충분히 이루어져야 하고, 이전 또는 이후의 학습내용과 연계된 큰 그림이 제시되어야 하며 나아가 '어떻게 응용, 활용될 수 있는가?'의 문제도 함께 다루어져야 합니다. 물론 각 학년 안에서도 '단순 지식습득 → 연계 → 응용'의 차원이 되도록 구성을 합니다.

연구실에서 오은정 교수의 모습 ━━

기초부터 응용까지 학생들에게 전부 알려주고 싶은 마음에 제가 다른 교수님들보다는 말이 상당히 빠른 편입니다. 그래서 제 수업을 처음 듣는 학생들은 그 속도에 놀라다가 시간이 지남에 따라 차츰 익숙해지면 '방대한 양을 제대로 배웠다.'라고 깨닫습니다. 저는 학생들의 질문 난이도가 올라가고 깊이 있는 질문들을 접하며 학생들이 점차 발전, 성장해가고 있다는 것을 느낍니다. 그리고 학생들이 마침내 숲을 보게 되는 수준이 되었을 때는 학생들 스스로도 보람이 있다고 느끼게 되고, 저도 그것을 보면서 보람을 느낍니다.

**❝ 단순 암기가 아닌 원리 이해를 위해
비교언어 과정을 활용합니다. ❞**

학생들에게 지식을 잘 전달하기 위한 교수님의 노하우가 있으신가요?

저는 영문법 이해를 위해 종종 국문법을 가르칩니다. 제가 언어학을 전공했기 때문에 언어 이해에 필요한 기본 원리를 가르치고, 영어와 한국어 언어 체계가 어떻게 다른지 비교 설명하는 과정을 통해 한국어를 모국어로 하는 영어 학습자인 우리 학생들이 이해하기 어렵거나 실수하기 쉬운 부분을 설명해 줌으로써, 한국인 영어 학습자의 부정적 전이에 대한 다양한 관점을 이해시키기 위해서 노력합니다. 흔히들 외국어를 가르칠 때에는 국어를 소홀히 하게 되는데, 두 언어체계에 대한 이해를 모두 갖추고 있어야만 학생들이 언어현상을 제대로 이해할 수 있습니다.

예를 들어, 영어의 재귀대명사의 경우에는 해당 재귀대명사가 속한 절 안에서만 재귀대명사에게 의미를 부여하는 선행사를 찾아내야 한다는 점이 한국어와 다릅니다. 가령 영어 문장에서 'himself'라는 재귀대명사가 주어졌을 때, 그 문장 안에 'himself'에게 의미를 부여하는 또 다른 명사를 찾아야만 합니다. 'Bill thought that Tom was fond of himself'라는 문장에서는 'himself'가 속한 절 안에서 선행사를 찾아야 하기 때문에 'himself'는 'Tom'이어야 합니다. 반면에, 한국어의 경우에는 'himself'는 'Tom' 혹은 'Bill'일 수도 있어 한국인 화자들은 영어 재귀대명사와 관련하여 많은 오류를 범하게 됩니다. 다시 말해, 모국어 세팅자체가 영어 재귀대명사를 배우기 힘든 조건으로 되어 있기에, 한국어 화자의 오류가 예상되어지는 것입니다. 이에 따라 비교 언어 과정을 통해 한국어와 영어의 근본적인 차이를 이해시키면서, 영어에 대한 체계적 지식을 전달하려 노력합니다.

실제로 이 작업은 굉장히 중요합니다. 학생들이 교사가 되어 실제 교육현장에 나가면, 영어 단어와 문법들이 어떻게 사용되고 응용되는지를 설명할 수 있어야 하며 학생들에게 실력을 인정받는 영어 선생님이 되어야 하는데, 이를 위해서는 언어 원리의 이해가 필수적이기 때문입니다. 탄탄한 토대를 마련해야만 그 위에 상위 지식을 차곡차곡 쌓아갈 수 있고 이를 체계적으로 연관지음으로써, 비로소 학생들은 다양한 영어 문장 오류가 왜 발생하는지, 어떻게 지도하는 것이 좋은지 등을 완전히 이해할 수 있습니다.

학생들의 눈높이는 주로 '질문'을 통해서 알게 되시나요?

네, 학생들을 가르치면서 어느 정도의 지식이 어떤 단계를 밟아서 쌓인다는 기본적인 설정은 마련해두고 있지만, 그것을 확인하기 위해서 학생들에게 질문을 많이 던지는 편입니다. 그 질문은 한두 사람을 지정해서 던지는 것이 아니라, 전체에게 던집니다. 특정 개인에게 질문을 했을 때는 학생들이 당황하거나 민망해 할 수도 있기 때문에 주로 전체를 향해서 질문을 자주 던지고, 학생들의 응답 수준과 표정 등을 통해 현재 수준을 파악합니다. 대답을 많이 유도하기도 하고, 도전할 수 있도록 격려하기 때문에 많은 학생들이 적극적으로 대답하는 편입니다.

> ❝ 수업 전반에 대한 '공감대'를
> 먼저 형성해 놓는 것이 중요합니다. ❞

첫 단추를 잘 끼우기 위해 교수님께서 특별히 주의를 기울이는 것이 있나요?

저는 제 수업을 듣는 학생들에게 '내 수업은 쉽지 않아 어려움이 많이 있겠지만 열심히 잘 따라오면 그만큼 얻어가는 것이 있을 것이다.'라는 것을 강조하여 말해 줍니다. 그리고 그 어려움을 잘 헤쳐가기 위해서 미리 '예고'를 많이 해주는 편이고, 제가 진행하는 수업의 수준과 내용 및 참고자료, 평가의 내용과 필요성을 말함으로써 사전에 수업에 대한 '공감대'를 형성시켜 놓는 것을 매우 중요하게 생각합니다.

저는 지금까지 단 한 번도 학생들의 성적을 정정한 적이 없고, 부여된 성적에 대해 이의제기를 하는 학생도 단 한 명이 없었습니다. 이것이 가능했던 이유는, 사전에 학생들에게 공부를 할 때 중요한 부분을 미리 알려주었고, 시험 이후에는 문제별 채점 기준에 대해서 상세히 설명한 후에 문제풀이를 해 주었기 때문이라고 생각합니다. 채점 기준은 아주 구체적으로 알려줍니다. 예를 들어, 문장구조분석에 대한 수형도tree diagram 문제를 냈을 때, 학생들이 어디까지 이해하고 서술을 해야만 몇 점이 되는지 상세한 가이드라인을 제공합니다. 이후 '해당 문항에 왜 2점이 부여되었는지, 왜 1점이 부여되었는지'와 같이 문항의 중요도 차이에 대해서도 설명을 해줍니다. 이렇게 수업시간과 시험 전에 미리 중요한 부분들을 알려주고, 분명한 기준에 의해 문항을 만들고 채점을 하기에 학생들은 자신이 받는 점수에 수긍을 하게 됩니다. 아울러, 문항의 점수 분배에 관해서도 모호하게 나누지 않고, 중요도에 따른 부분점수에 대한 기준을 만들어서 성적을 소수점 둘째 자리까지 정확히 산출합니다. 이러한 작업에 관한 사전 설명을 통해 문제 구성과 난이도 및 성적 분배에 관한 충분한 이해를 이끌어냅니다.

사실 제가 제시하는 문제들은 타 대학 유사과목의 문제와 비교하면 상당히 어려울 것입니다. 그럼에도 불구하고 단계적이고 체계적으로 지식을 구성하도록 이끌어주면 수업에 착실히 임한 학생들이라면 누구나 충분히 도전해 볼 만한 문제가 됩니다.

교재에 대한 공감대는 어떻게 얻으시나요?

보통 한 수업에서 2권 정도의 교재와 보충자료들이 나가게 됩니다. 굉장히 두꺼운 책을 소화하게 되는데, 책 내용도 쉽지 않습니다. 하지만 저는 교재에 대해서도, 수업별로 왜 이 책을 선정하게 되었는지를 설명함으로써 공감대를 형성하고 동기를 부여하고자 합니다. 아시다시피, 책이란 것이 어떤 배경을 가지고 있는 학자가 썼는가, 누구를 대상으로 썼는가에 따라 굉장히 다른 성격을 띠고, 중요하게 다루는 내용, 서술 방식도 다릅니다. 또한 책에 따라 최신의 내용을 반영한 것이 있고, 그렇지 않은 것이 있습니다. 어떤 책들은 학문에서 중요하게 다루고 있는 이론들이 일부 누락된 상태로 출간이 된 것도 있고, 어떤 책들은 쉽게 설명한다는 것에 초점을 맞춘 탓에 전반적으로 깊이가 떨어지는 경우도 있습니다. 교원 임용시험에 도움이 되는 내용으로 잘 정리된 것도 있지만, 이에 비해 원리에 대한 설명이 부족하여 제공되는 지식이 얕기도 합니다. 학생들에게 이러한 교재의 특징들에 관하여 이야기 해주면서, 내용이 많고 어려움에도 불구하고 우리가 왜 이 책으로 수업을 하려 하는지 그 이유과 목표를 정확히 전달하면, 학생들도 왜 이 두꺼운 책을 공부해야만 하는지에 대한 공감대와 목표의식이 생깁니다.

배우게 될 지식들에 대한 구체적인 '예고'

교육 전문가들은 예습의 중요성에 대해 아무리 강조해도 지나침이 없다고 말한다. 예습의 가장 큰 효과는 아는 것과 모르는 것, 알아야 할 것과 이미 아는 것에 대해 인지하고 수업을 들으면 더욱 집중하게 되고, 수업 내용을 더 분명히 인지할 수 있기 때문에 학습 효과가 향상된다는 것이다. 하지만 매번 수업 내용을 예습하기란 쉽지 않다.

그런데도 학생들이 심적으로나 인지적으로 새로운 내용을 잘 받아들일 준비를 하게 하려면 어떻게 해야 할까? 그 방법에 대해서 오은정 교수는 수업 내용에 대해 미리, 구체적으로 예고하면 효과적이라고 강조한다. 학생들은 그에 따라 전체 밑그림을 그린 뒤 수업에 집중하고 스스로 페이스를 조절할 수 있기 때문이다.

각 단계마다 작은 지식의 조각들이 쌓이면 어떤 모습이 되는지 연결해 제시한다고 한다. 그러면 학생들은 각 지식의 연결고리를 이해하고 파악하면서 전체 숲을 보게 되는 것이다.

> ❝학생들의 페이스 조절을 위해 저는 수업을 시작할 때,
> 그날 수업에서 다룰 중요한 내용을 미리 '예고'합니다. ❞

수업에서 학생들을 집중하게 만드는 교수님만의 노하우가 있으신가요?

수업 도입기에 지난 수업 내용에 대한 요약을 통해 학생들의 기억을 상기시키고 오늘의 내용과 연관시키는 일도 물론 중요하지만, 당일의 주요 학습 내용, 즉 '오늘은 이런 내용을 다룰 것이고, 어떤 내용이 가장 중요하다.', '이런 것들은 놓치면 안 된다.'라는 것을 미리 짚어주는 것도 매우 중요합니다. 주요 내용을 미리 예고해 놓으면, 학생들은 오늘 자신이 들을 내용에 대해서 전체적으로 밑그림을 그리게 되고, 어디서 특히 더 긴장하고 수업을 들어야 하는지를 사전에 숙지할 수 있습니다. 그리고 나면 학생들은 스스로 수업에 집중하고, 수업 시간 동안 자신의 페이스를 조절하게 됩니다. 학생들에게 수업 시간 내내 집중하라고 요구하는 것은 무리입니다. 그렇기에 미리 중요한 부분에 대해 '예고'와 '강조'를 해 주면, 학생들은 긴장을 늦췄다 풀었다

하면서 수업에 능동적으로 참여할 수 있게 되는 것입니다. 수업 중에 사전에 예고한 중요한 부분을 설명할 때에는, 목소리를 크게 내며 별표를 표시하게 하여 중요성에 대해 인지할 수 있도록 하고, 긴장감을 가지고 수업에 임할 수 있도록 도와줍니다.

> ❝ 무리하게 한 번에 모든 것을 설명하지 않고
> 주제에 따라 앞 부분에서는 가볍게 다뤘던 내용을
> 지식의 깊이가 더해진 후반부에 다시 한 번 깊이를 더해서 설명합니다. ❞

지식의 단위나 범위는 어떻게 설정해서 진도를 나가시나요?

일단 진도는 교재를 따릅니다. 하지만 교재에서 다루지 못한 중요한 내용들도 있기 때문에 교재의 내용만으로는 '완전히 이해했다'는 느낌을 주지 못할 때가 있습니다. 이처럼 부족한 부분은 제가 채워나가려고 노력합니다.

그리고 진도를 나가다 보면 교재의 목차의 순서상 전前 차시Chapter에서 중요하게 다뤄질 필요가 있는 주제가 간략하게 다뤄진 경우가 있습니다. 그럴 경우에는 학생들에게 "표시를 해 두었다가 뒤에 어디쯤 갔을 때 이 앞 부분을 다시 설명해 달라."라고 요청하도록 미리 일러 둡니다. 이것은 앞에서 다뤄지는 지식이 중요함에도 불구하고, 뒷부분에서 나오는 원리를 충분히 알지 못하고서는 깊이 있게 설명하고 이해시키기가 어려운 경우입니다. 이런 경우에는 무조건 처음부터 깊이 있게 다루어봤자 학생들이 이해도 못할 뿐더러 기억에 남는 것도 없습니다. 오히려 무리하게 이해시키려다가 학생들이 좌절하고 포기하게 만듭니다. 그렇다고 그 부분을 이해시키지 않고서는 학생들이 더 큰 숲을 볼 수가 없습니다. 그래서 저는 미리 학생들에게 우리가 교재의 어디쯤에서 이 부분을 다시 자세하게 다룰 계획이라는 것을 '예고'합니다. 지금 우리는 이 정도의 내용만 다루지만, 뒤에 어디쯤 가면 다시 볼 것이라는 것을 꼭 말해 주고, 계획한 부분까지 진도를 나가서 지식이 쌓이는 순간이 오면, 교재 앞쪽으로 다시 돌아가서 해당 주제에 관해 학생들에게 미처 설명하지 못했던 깊이 있는 설명을 해줍니다.

마침내 각 단계를 거쳐 작은 지식의 조각들piece이 쌓이면, 저는 이 조각들이 모여서

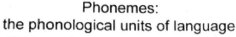

Phonemes:
the phonological units of language

- **Phonemes** / /
  - They are what we have been calling the basic form of a sound
  - Each phoneme has associated with it one or more sounds, called **allophones** [ ]
  - The phoneme /p/
    - [pʰ] in *pit*
    - [p] in *spil*
    - [pʰ] and [p] are allophones of the phoneme /p/
- **Phonological rules** operate on phonemes to make explicit which allophones are pronounced in which environments

The Infinity of Language

- NP → Det N' (NP →Det N)
- N' → Adj N'
- N' → N
- NPs can consist of a simple pronoun or a proper name.
  - NP → N'
- Possessive NPs such as *Melissa's garden*
  - A possessive NP is written as NP's

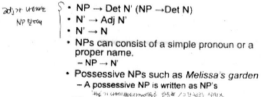

The Infinity of Language

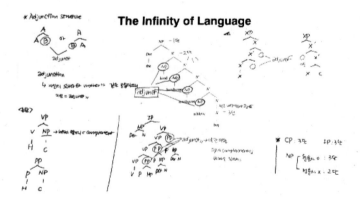

■■■■ 학생들이 작성하는 필기노트

어떤 모습을 이루고 있는지를 연결해서 보여줍니다. 그렇게 하고 나면, 학생들은 각각의 지식이 어떤 연결고리가 있었는지를 이해하고 통찰하면서 큰 숲을 볼 수 있게 됩니다.

> 66 학생들이 여러 가지 관점에서
> 다양한 지식의 무게를 느끼도록 해줍니다. 99

사범대의 특수성을 생각할 때의 수업 특징도 있습니까?

네, 학생들이 앞으로 좋은 교사가 되기 위해서 학문에서 중요한 원리 등을 익힐 필요가 있고, 또 현실적으로 임용이라는 관문을 통과해야 합니다. 이것은 특수목적대학으로서의 특수성이기도 합니다. 만약 제 전공인 언어학의 관점에서만 수업을 진행해도 된다고 하면, 더 재미있게, 깊이 있게 다룰 수 있을 것입니다. 하지만, 저는 제 학생들이 원하는 수업을 해야 한다고 생각하고 있기 때문에, 원리를 이해하고, 큰 그림을 그리면서 동시에 임용시험과도 잘 연계되어야 한다고 생각을 합니다. 이를 위해, 15년 동안의 임용시험 문제 등을 꾸준히 분석하고, 어떻게 다가가야 문제에 제대로 접근할 수 있는지를 학생들에게 설명해주고 있습니다.

저는 학생들에게 한 가지 지식을 설명하더라도 다양한 관점에서 그 지식을 바라볼 수 있도록 유도하려고 합니다. 가령, 같은 지식이라 하더라도 학문적으로 또는 임용에서는 다른 무게를 가질 수 있고, 또 다양한 원리들로 설명할 수 있는 부분들이 있습니다. 그래서 저는 수업 시간에 이 이론이 어떤 측면에서, 왜 중요한지를 설명함과 동시에, 중요도를 한눈에 파악할 수 있도록 필기를 하도록 합니다. 조금 전에 제가 중요한 내용은 별표를 그리도록 한다고 말씀드렸는데, 내용의 중요도에 따라 '별표 한 개' 혹은 '별표 두 개'가 주어질 수도 있습니다. 이 중요도는 이론학문의 흐름 속에서 큰 중요도를 가질 수도 있고, 혹은 임용시험에 많이 반영이 되는 부분일 수도 있습니다.

학문 속에서 중요한 의미를 가지는 것이 임용시험에서 반드시 중요하게 다뤄지는 것도 아니고, 반대로 임용시험에서 자주 출제되는 내용이 학문적으로 중요도가 아주 높다는 확실한 상관관계가 존재하지는 않습니다. 그래서 저는 두 관점에서 중요한 것을 분리하여 학생들에게 필요성을 알려주고 있습니다.

모든 학생의 이름을 부르며 소통하는 수업

수업에서 '학생', '자네'로 불릴 때와 본인의 이름으로 불릴 때는 그 긴장감이 사뭇 다르다. 교수가 나에게 관심을 가지고 있다는 느낌을 받을 때 학생들은 소통하는 자세부터 눈에 띄게 달라진다. 그래서 오은정 교수는 개강 후 첫 주에 학생들의 이름을 모두 외운다. 학생들과 눈을 맞추고 대화하기 위한 첫 단계라고 생각하기 때문이다.

수업을 설계하거나 강의하는 도중에도 학생 시절 겪었던 문제들과 어려웠던 부분들을 끊임없이 상기하며 학생들의 관점에서 접근한다. "오은정 교수님이 안 계시면 학교 다닐 이유가 사라집니다."라는 한 학생의 반응은 과장이 아닌 듯하다.

> **❝ 저는 항상 학생들을 이름으로 불러줍니다. ❞**

학생들이 교수님의 수업을 듣고 어떤 변화가 있기를 기대하십니까?

궁극적으로 원하는 것은 학습한 원리의 단편적인 습득에 그치지 않고, 큰 그림을 볼 수 있는 능력 배양입니다. 그 과정 안에서 각 단계마다 얻는 것이 많기를 바랍니다. 제가 전달하려고 하는 메시지를 학생들이 잘 받아들여줬다는 의미로 강의평가 결과가 높이 나왔다고 생각하며, 교수자로서의 제 가치를 높이 평가해 준 학생들에게 항상 고맙게 생각합니다. 사실 저는 수업의 어느 한순간도 소홀히 진정성 없는 강의를 했다고 생각해본 적이 없습니다. 매 순간 최선을 다했고, '대학에서 들을 수 있는 대학 수업다운 강의', 기존에 경험했던 수업과는 궤를 달리하는, 학생들이 대학에서 꿈꾸었던 차원이 다른 강의들을 제공하려고 노력해 왔습니다. 학생들로 하여금 끊임없이 '나는 영어 전공자이다.'라는 생각을 많이 하게 하고 영어 전공자로서 정신적으로, 지식적으로 무장시켜서 미래에 그들이 학생들 앞에 자신감을 가지고 설 수 있게 하려고 합니다. 이를 위해서 학생들이 멈춰서지 않고 계속 도전하도록 하기 위해, 매 순간 최선의 노력을 이끌어 내기 위한 노력을 하고 있습니다.

"영어교육학과 학생들은 꼭 들으세요! 임용 준비하시는 분은 더더욱 강력히 추천합니다."

"영어교육학과를 모두 잡고 끌어가시는 오은정 교수님! 안 계시면 학교 다닐 이유가 사라집니다."

"정말 좋은 교수님의 수업이라고 생각합니다. 하나하나 집중해서 들으면 정말 감탄합니다."

"한 명 한 명 챙겨주시고 생각해주시는 게 너무 감사합니다. 훌륭합니다."

"매번 교수님 수업을 들을 때마다 교수님의 열정에 감탄하게 됩니다. 덕분에 열심히 공부하게 됩니다."

오은정 교수는 수업 첫 시간부터 결코 쉽지 않을 것이라고 학생들에게 말한다고 한다. 교재, 수업 진행 및 평가 방식까지 모두 학생들과 공유하고 사전에 공감대를 형성하기 때문일까? 오은정 교수는 지금까지 일단 매긴 성적을 단 한 번도 수정한 적이 없고 학생들이 이의 제기를 한 적도 없다. 사실상 학생들이 선정한 최고의 강의라는 말에도, 그렇다면 그만큼 학생들이 많이 배우고 얻어 갔을 것이라 확신한다며 끝까지 학생의 성장에만 관심을 두었다.

지식 전달에 그치지 않고 기본 원리를 파악하고 큰 그림을 보는 관점을 배양하는 강의. '대학에서 들을 수 있는 대학다운 강의'를 해왔고 늘 최선을 다했다는 오은정 교수의 자부심은 전문성, 소통, 눈높이에 맞춘 단계별 교육 그리고 궁극적으로는 학생들과의 부단한 교감에서 비롯된 것이었다.

이

전

익

LEE
JEONIK

2000년 성균관대학교 일반대학원 수학과 이학박사
2004년 상명대학교 부임
(현) 사범대학 수학교육과 교수

학생들의 자발적인 학습 생태계를 조성해주는 교수

상명대 수학교육학과에서는 학생들이 모여 함께 공부하고 질문하는 모습을 흔히 볼 수 있다. 소위 '학습 공동체'가 하나의 문화가 되어, 입학부터 졸업까지 함께 성장과 나눔을 실현하고 있다. 공동체성 자발성에 둔 선후배 간 또는 동기 간 학습 공동체는 '교사가 되고자 하는' 학생들을 끊임없이 격려하고 자극한다.

이전익 교수는 이러한 학습 공동체에 조금 더 체계가 갖추어지고 더 좋은 정보를 바탕으로 함께 공부하는 시간이 더욱 유익해지도록 끊임없이 살피면서 학생들이 필요로 하는 부분들을 점검하고 찾는 데 여념이 없다. 학생들이 근본부터 확실하게 다져 나가도록 강의에도 힘쓸 뿐만 아니라, 효율적으로 공부해 정해진 기간 내에 스스로 꿈을 이뤄가도록 학습 습관까지 점검해준다. 교수-학생, 학생-학생 간 관계가 끈끈히 연결된 수학교육학과만의 독특한 동반 성장 문화 속에서 학생들이 매일 꿈을 나누고 함께 꿈을 이루도록 격려한다. 특히 단원 간 연계성과 단계별 학습이 중요한 수학이라는 학문의 특성을 놓치지 않고 학생들이 따라올 수 있도록 하고, 더불어 임용고시 준비에 필요한 시간 계산까지 빠뜨리지 않도록 조언을 아끼지 않는다. 상담 계획서를 통해 학생의 수학 진도와 임용고시 준비 진도까지 체크한다.

학문과 임용을 위해 유기적인 연결을 중시하는 수업

고등학교 때까지 성적이 우수하던 학생들도 대학에서 수학을 다시 배우면 매우 힘들어 한다. 그만큼 대학 수학은 만만치 않은 과목이다. 여느 사범대가 그렇듯 수학교육학과 역시 졸업 때까지, 수학과 교육, 즉 학문과 임용고시라는 두 마리 토끼를 다 잡아야 하기 때문에, 이전익 교수의 하루는 쉴 새 없이 돌아간다. 그는 학생들이 '가르치는 사람'이 되리라는 부분에 대한 책임감을 지니고 있다. 어떤 수학 문제가 주어지더라도 차근히 해결해갈 수 있도록 모든 과목들을 유기적으로 연결하고, 잘 조합할 수 있는 역량을 어떻게 하면 더 잘 길러줄지 늘 고민하고 노력한다. 교수가 설명하는 시간만큼 학생들이 직접 문제를 푸는 시간을 많이 할애하는 이유는, 수학은 "손으로 공부하는 학문"이기 때문이다. 지식을 조합해 문제를 어떻게 해결하는지 확인하는 작업이 필수이다. 학생들이 졸업 후 맞닥뜨려야 할 실제 교육현장을 미리 실습하고 대비하는 과정이기도 하다.

> 한 단원이 하나의 스토리로 이해되도록
> 수업 내용의 앞뒤를 반복 설명합니다.

교수님께서 담당하고 계시는 수업에 대해서 간단한 설명을 부탁드립니다.

저는 '해석학, 복소함수론, 미적분학'을 맡고 있고, 그와 관련된 특강도 하며 최근에는 3~4학년 중심으로 해석학과 복소함수를 중점적으로 가르치고 있습니다.

1~2학년을 중심으로는 미적분학 수업을 진행하고, 3~4학년을 대상으로 해석학과 복소함수론을 진행합니다. 1학년 때 배운 과목을 바탕으로 4학년이 되어 임용시험을 치러야 하기 때문에 1~3학년 학생들이 기초를 튼튼하게 정립할 수 있도록 수업을 진행합니다. 그리고 4학년의 경우 임용시험을 대비하여 45분 동안 문제를 풀고, 문제를 풀이하는 방법으로 진행합니다. 제 과목을 듣는 모든 학생들에게는 저학년에 봐야 하는 기본서와 고학년에 해결해야 하는 문제풀이책에 대해 자주 이야기합니다. 4학년이 되어 기본서를 찾아가며

공부하는 방법을 추천하지 않기 때문입니다. 따라서 관련된 특강을 자주 합니다.

　1~3학년은 기초부터 튼튼하게 잘 정립할 수 있도록 수업을 진행하고 있고, 4학년의 경우에는 임용시험처럼 45분 동안 문제를 풀고 풀이하는 방식으로 수업을 진행하고 있습니다.

수업에서 가장 많이 신경을 쓰고 계신 부분은 무엇입니까?

　　　　　　　　　　다른 학문도 그렇겠지만 수학은 연계성이 강한 학문입니다. 선수학습이 완벽하지 않으면, 뒤에 나오는 내용을 따라갈 수가 없습니다. 앞에서 배운 내용을 복습하고 점검하여 그 뒤에 나오는 내용과 유기적으로 연계될 수 있도록 수업을 진행하는 것이 중요합니다. 그래서 수업을 시작할 때 학생들에게 지난 시간에 자신이 무엇을 배웠는지, 오늘 몇 단계를 더 배우게 되는지를 분명하게 인지시켜 줍니다. 그날 새롭게 배우는 내용은 지난 수업 내용을 토대로 하는 것이기 때문에 앞에서 배운 수업의 내용에 대한 이해가 부족하면 해당 차시의 수업은 그 학생에게 실패로 돌아가기 때문입니다.

　또한 수학의 경우에는 큰 흐름 대신에 한 부분에 대해서만 깊게 공부하게 되면 수학이라는 전체적 학문으로부터 방향을 잃을 수 있습니다. 따라서 학생들에게 중요한 것은 전체적인 큰 흐름을 파악하는 것입니다. 학생이 수학의 큰 흐름을 놓치게 되면 현재 공부하고 있는 내용이 정확히 어떤 부분이며 어떤 맥락에서, 얼마만큼의 중요도를 가지고 다루어야 하는지 알 수 없기 때문에 저는 큰 그림의 단원과 작은 그림의 한 차시 주제를 함께 연결하여 설명합니다. 그리고 각 단원마다 가장 중요한 포인트가 무엇인지를 설명하고 나서 세부 내용을 설명하는 단계로 넘어갑니다. 예를 들어, 해석학을 배운다고 하면 전체 큰 틀을 이야기 해주고, 그 틀 안에 소단원의 틀을 알려주고, 전체 진도를 마칠 때까지 한 단원에서 전체적인 틀을 다시 설명해줍니다. 그리고 새로운 내용 혹은 세부 내용에 대해 진도를 나갈 때마다 이 지식이 어느 위치에 속하고 있는지, 각 단계가 어떤 연계성을 가지는지, 다음에 배우는 내용은 또 무엇이 될 것인지 그 맥락들을 계속 반복해서 설명합니다. 한 단원이 끝날 때마다 이 단원에서 배운 내용의 전체적인 흐름과 결과를 학생들에게 직접 서술하게 하여 학생들의 이해도를 확인합니다. 이런 방법을 통해 학생들이 전체 스토리를 알고 공부할 수 있도록 하며, 이는 학생이 임용시험을 준비하면서도 많은 도움을 받을 수 있는 자신만의 기본서가 됩니다.

한 수업의 수업구성을 시간으로 배분한다면 어떻게 설명할 수 있을까요?

지난 수업 내용을 전체적으로 정리하는 시간을 10분 정도 갖고, 그 후 배운 내용과 관련된 간단한 문제를 학생들에게 풀이하게 하는 시간으로 10분 정도를 소요합니다. 그리고 나서 과제로 내줬던 문제가 어떤 의미가 있었던 것인지, 지난 시간에 배운 내용과 오늘 배우는 내용의 연계성은 무엇이고 어떤 중요도를 갖는지 등을 설명하는 도입 단계를 10분 이내로 갖습니다. 초반 30분을 보내고 난 후 진도를 나가게 되는데, 제 수업은 제가 설명하는 시간만큼이나 학생들이 직접 문제를 푸는 시간이 많습니다. 듣기만 하는 수업이 아니라 자신이 이해하고 내재화하는 과정이 중요하다고 생각하기 때문입니다.

> 66 문제를 제시하는 이유는
> 학생들이 학습한 지식들을 어떻게 조합해서 활용하는지
> 효과적으로 알려주기 위해서입니다. 99

학생들이 소화해야 하는 학습량이 상당히 많을 텐데, 문제를 푸는 시간을 갖게 되면 배우는 양이 줄어들지는 않나요?

배우는 것과 습득하는 것은 다르다고 생각합니다. 오히려 문제를 푸는 시간을 갖는 것이 학생들에게는 지식을 효과적으로 공부하고 습득하는 방법이라고 봅니다. 저는 학생들에게 항상 "수학은 보기만 해서 되는 학문이 아니라 손으로 직접 공부하는 학문이다."라고 말을 합니다. 눈과 귀와 손이 모두 움직이고 있어야만 합니다. 아무리 좋은 내용을 알려주려고 해도, 한 시간 내내 듣고만 있으면 그냥 지나가고 끝나게 됩니다. 물론 수업에서 나가야 하는 진도가 말씀하신대로 적지는 않지만, 솔직히 진도는 나가고자 하면 일사천리로 나갈 수 있고 강의 자체는 온라인으로도 가능합니다. 문제를 푸는 것도 컴퓨터로 작업해서 그냥 한 번에 보여 줄 수도 있습니다. 하지만 학생들이 직접 풀어보지 않는 내용은 그저 쇼를 보고 가는 것에 지나지 않다고 생각하

고 있기 때문에 1분, 2분이라도 학생들이 스스로 문제를 해결하려고 고민하는 시간을 갖는 것이 중요하다고 생각하고 있습니다.

평가방법 역시 배운 내용을 암기한 것을 체크하기보다는 그 지식들을 조합해서 문제를 어떻게 해결하느냐를 확인하는 작업을 합니다. 이것은 임용시험 문제에서도 마찬가지입니다. 다양한 정의Definition를 다양하게 접목하여 문제를 해결하는 훈련이 필요합니다. 그래서 수업 중에 문제를 제시하고 함께 푸는 것 자체가 학생들에게는 학습한 모든 지식들을 조합하고 활용하는 것을 알려주는 효과적인 방법이 되는 것입니다.

또한 제가 문제를 푸는 시간을 주는 이유는 학생들이 앞으로 가르치는 사람이 될 것이기 때문입니다. 다른 사람에게 설명하려면, 자신만의 언어로 완벽하게 이해해야 가능합니다. 따라서 그 학생이 얼마나 이해하고 있는지를 확인하는 것입니다. 또한 문제를 함께 풀다 보면, 푸는 과정에서 다양한 문제풀이 방식을 보이는 학생이 나오는데, 이렇게 다양한 접근 방법들에 대해 논의하는 과정 자체가 학생들에게 많은 도움이 될 뿐만 아니라 향후 학생들이 교사가 되었을 때 실제 교실에서 벌어지는 교육현장을 미리 대비하는 과정이 되기도 합니다. 그래서 저는 수업 구성을 할 때 문제를 푸는 시간도 매우 중요하게 다루고 있습니다.

15주차를 설계하시는 방법과, 중요도와 난이도는 어떻게 조정하고 계신지 궁금합니다.

학생들이 책 하나를 다 배울 수 있도록 배분합니다. 하지만 한 단원이 수업 한 차시로 이뤄지는 것은 아닙니다. 각 단원별로 중요한 내용이 많은 경우에는 여러 주차에 걸쳐 수업을 합니다. 그렇지 않은 경우에는 짧은 시간만을 배분하여 강의시간을 조정합니다. 특수 목적이 있는 수학교육과의 경우 임용시험을 중심으로 교과목 내용을 수업하려고 설계합니다. 그러나 난이도의 경우, 임용시험을 볼 수 있는 정도의 난이도만이 아닌, 수학과 학생으로서 도달해야 하는 최소한의 제한을 둡니다. 기본이 되어 있지 않고는 학점을 줄 수 없습니다. 따라서 학생들은 유기적으로 앞과 뒤의 내용을 연결하여 이해하고자 노력해야 하고, 저는 학생들이 습득할 수 있도록 수업과 문제풀이의 양을 조절합니다. 그리고 한 단원이 끝날 때마다 이 단원에서 배운 내용의 전체적인 흐름과 결과를 써보라고도 합니다.

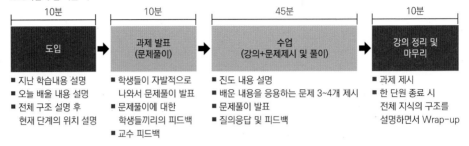

10분	10분	45분	10분
도입	과제 발표 (문제풀이)	수업 (강의+문제제시 및 풀이)	강의 정리 및 마무리

- 지난 학습내용 설명
- 오늘 배울 내용 설명
- 전체 구조 설명 후 현재 단계의 위치 설명

- 학생들이 자발적으로 나와서 문제풀이 발표
- 문제풀이에 대한 학생들끼리의 피드백
- 교수 피드백

- 진도 내용 설명
- 배운 내용을 응용하는 문제 3~4개 제시
- 문제풀이 발표
- 질의응답 및 피드백

- 과제 제시
- 한 단원 종료 시 전체 지식의 구조를 설명하면서 Wrap-up

━━━ 이전익 교수의 수업 구성

학생들의 자발적 학습문화를 형성해주다

아무리 좋은 교육 콘텐츠를 전달해도 학생들이 진정한 자신의 지식으로 이해하기 위해서는 스스로 정리하는 시간이 필요하다. 이전익 교수는 학생들이 직접 문제를 풀고 정리하지 않으면 좋은 강의도 머릿속에 남지 않고 휘발되기 때문에, 학생들이 반드시 스스로 생각하고 정리할 수 있는 시간을 확보해야 한다고 강조한다. 따라서 입학 시기부터 학생들이 자신만의 노트 정리와 학습 스터디를 통해 자발적으로 학습하는 힘을 기르도록 돕는다. 공부 방법을 공유하고 서로 도우며 함께 성장하도록 하는 것이다.

동기 부여는 자발적이어야 하기 때문에 강요하지는 않지만, 여러 수학 과목을 완수하면서 임용고시 준비까지 제대로 하려면 시간이 촉박하다는 사실을 강조한다. 또한 '가르치는 사람'의 입장이 되어 수업에 참여하도록 하고 인성의 중요성도 놓치지 않는다.

> ❝ 학생들이 자발적으로 나와서 문제를 풀 수 있도록 해줍니다. ❞

앞서 교수님께서는 학생들이 직접 문제를 풀도록 하신다고 했는데, 학생들이 자발적으로 발표를 하는 편인가요?

네. 수업을 시작할 때는 지난 수업에 내준 과제로 풀어온 문제를 푸는 시간을 갖고, 수업 중간에는 해당 차시와 관련된 문제를 3~4개 정도 주고 풀어보라고 합니다. 그리고 한 단원이 끝날 때마다 이 단원에서 배운 내용의 전체적인 흐름과 결과를 써보라고도 합니다. 직접 푼 문제는 일부 학생이 발표하게끔 하는데, 대체로 학생들이 자발적으로 나와서 문제를 풉니다. 문제를 푸는 학생은 스스로 재미도 얻고, 다른 학생들도 나도 한 번 해볼까 하는 자신감을 가집니다. 실제로 문제를 풀고 설명하는 학생들이 가장 공부의 혜택을 많이 보게 되는데, 자신만의 언어로 완벽하게 이해하고 설명하는 훈련은 교사에게 중요하기 때문에 멍하게 앉아있는 학생들도 참여할 수 있도록 유도를 합니다. 가령, 앞에서 친구가 설명한 방법을 다시 말해 보도록 한다던가, 풀어 놓은 부분에서 잘못된 것이나 보충하고 싶은 것이 있다면 이야기를 해보라는 식으로 질문을 던집니다. 그러다 보면 토론으로 이어지는 경우도 있습니다.

발표를 하거나 잘못을 지적해주는 학생들에게 별도의 혜택이 있나요?

아니오. 별도의 점수를 주지는 않습니다. 앞에 나와 발표하는 것도, 앉아서 다른 학생의 풀이방법을 자세히 관찰하는 것도, 자신의 실력향상에 큰 도움이 된다는 점을 학생들을 처음 만날 때부터 강조했기 때문에 별도의 점수는 부여하지 않습니다. 대다수의 학생들이 졸업 이후의 진로를 교사로 생각하기 때문에, 직접 문제를 설명해주는 것이 실제로 큰 도움이 됩니다. 뿐만 아니라 본인이 수업에서 다룬 문제들이 결국 임용시험 준비로 이어진다는 것을 숙지하고 있어 수업에 대해서는 강요를 하지 않아도 학생들이 자발적으로 잘 참여를 하는 편입니다. 그리고 제가 매 시간 같은 방식으로 수업을 진행하고 있기 때문에 학생들이 큰 부담을 느끼기보다는 참여했을 때 즐겁게 수업할 수 있다는 것을 아는 것 같습니다. 한때는 학생들을 지목해서 직접 문제를 푸는 학생에게 점수를 주겠다는 식으로 운영을 해보기도 했는데, 문제를 많이 풀기 때문에 그것을 가지고 부분점수를 주기에는 저 스스로 명확히 체크해야 하는 부담감도 있고 평가에 있어서도 수업마다 빈번한 횟수에 대한 기준을 명시하기가 어려웠습니다. 그 후 학생들의 자발적인 동기부여가 중요하다고 생각했고, 공정하게 평가해야 하기 때문에 자유롭게 두는 편입니다.

> ❝ 너희가 '가르치는 사람'이 될 것이라는 것을 강조해줍니다. ❞

학업과 관련하여 학생들에게 특별히 강조하는 부분이 있으신가요?

저는 학생들에게 인성이 중요하다는 점을 강조하고 있습니다. 학생들이 나중에 졸업하고 교사가 되어 교단에 섰을 때 학생들이 떠들거나, 잠을 자거나, 적극적으로 참여를 하지 않으면 기분이 어떻겠냐는 것을 말해줍니다. 사범대의 학생들은 자신이 교단에 서 있을 때와 학생의 자리에 앉아있을 때가 어떻게 다른지를 이해하고 있습니다. 그래서인지 시간 강사분이나 타 학교의 교수님들이 오셔서 강의를 해보시면 저희 학과의 수업 분위기가 정말 좋다고 평가를 해줍니다.

학생들의 동기부여는 어떻게 해주고 계십니까?

저는 입학 시점부터 학생들에게 대학교 4년이라는 시간이 짧다는 것을 알려줍니다. 우선, 저희 과에 입학하는 학생들은 교사가 되기를 희망하는 학생들이 대부분이기 때문에 임용시험에 대해 언급해줍니다. 예를 들면, 임용에 나오는 10개의 수학 전공 시험을 보는 게 우리 교육과정인데, 3~4학년에 가서 공부를 하기에는 어려움이 많다는 것을 학생들을 처음 만났을 때부터 강조를 합니다. 10개 과목에 대해 4학년 때 전체적으로 정리하는 시간을 가지려면, 적어도 1년에 3~4개 과목씩을 마스터 해야 합니다. 4학년 때는 또 교생실습을 나가기 때문에 실제로는 시간이 매우 빠듯한 상황입니다. 그래서 저는 학생들에게 애초에 지금 다루는 문제들이 모두 임용시험과 관계가 있다는 것을 이야기 해줍니다. 임용시험에 나오는 과목 수나 지식의 범위는 상당히 많은데, 이것을 트레이닝 하기 위한 문제라는 것은 시중에 많이 존재하지 않습니다. 중학교, 고등학교 수학이야 시중에 문제집이 많이 있지만, 대학에서는 개발된 문제 수가 한정적입니다. 저는 한 단원이 끝나고 나면 4~5개 문제를 내는데, 학생들이 문제를 풀고 나면 그것이 몇년도 임용시험에 나왔다고 설명해줍니다. 그리고 나면 학생들의 집중력과 흥미는 놀라울 정도로 많이 향상됩니다. 자신이 다루는 내용이 실제 임용시험과 직결된다는 것을 알기 때문에 한 문제, 한 문제를 중요하게 다루게 됩니다. 나중에 학원으로 특강을 가게 되면, 대학의 수업처럼 깊이 있게 다루지는 않습니다. 그래서 학생들은 교과수업이 얼마나 중요한지를 알고 있고, 실제로 수학교육과 수업에는 청강을 요청하는 학생들이 다수 있습니다. 고학년이 되어서 학원에 다니다가 깊이가 없다고 다시 듣고 싶어 하는 학생들이 많기 때문입니다.

그리고 저는 학생들에게 수학교육의 특성에 대해서도 많이 설명합니다. 수학교육에서 수학 전공은 일반 수학과에 비해 전공의 깊이가 반 밖에 되지 않는다는 것도 말을 해줍니다. 순수 수학과는 1학년 때부터 4학년 때까지 수학만 전공으로 배우는데, 우리가 그들과 다른 부분은 수학과 교육학이라는 두 과목을 배워야 한다는 것을 학생들이 알고 있어야 합니다. 그래서 우리가 그냥 수학 공부만 하고 끝이 아니라, 실제로 다른 학생들을 어떻게 가르치는지를 배워야만 한다고 설명합니다. 그 방법을 배우기 위해서 문제를 풀고 있는 것이라고 설명을 하면 학생들 역시 자세가 달라집니다.

❝ 학생들에게 입학 시점부터 자신만의 노트정리를 시작하도록 합니다. ❞

수학교육학과 학생들은 노트를 하나씩 만든다는 이야기가 있습니다. 그 노트는 무엇입니까?

학생들이 직접 자신이 배운 내용과 문제풀이를 정리하는 노트를 말하는 것입니다. 학생들이 누군가에게 설명을 듣고 있을 때는 그것을 안다고 생각하지만, 앞에서 말씀 드렸듯이 수학은 본인이 손으로 직접 정리를 해보고 문제를 풀어보았을 때, 비로소 자기 것이 됩니다. 그래서 저는 학생들이 노트를 필기하는지 아닌지 반드시 체크를 하고 있고, "공부하면서 정리하는 본인만의 노트가 필요하다."는 것을 항상 학생들에게 말을 합니다. 다른 사람의 노트가 아니라 자신이 스스로 개발하고 자신의 생각을 정리하는 노트가 중요한데, 이 노트는 단순히 중간고사, 기말고사를 위한 노트가 아니라 최종 단계인 임용시험을 대비하는 노트가 됩니다. 복잡한 정리들을 다양한 조건으로 대입해서 결과를 얻는 것이 수학인데, 자신이 학습한 것은 망각곡선에 의해 잊게 되어 있기 때문에, 계속해서 그것을 정리하는 작업을 해두지 않으면 나중에 문제를 풀 수가 없습니다. 고등학교 때는 문제를 많이 풀 수 있지만, 대학에서는 원론 하나를 배우는 것도 벅찹니다. 정리 따로, 문제 해결 따로 그렇게 하면 나중에 유기적인 사고가 힘들기 때문에, 다양한 정의들을 어떻게 조합해서 문제를 해결해야 하는지를 알려주기 위해서라도 정리와 문제풀이에 대한 노트를 본인 스스로가 차곡차곡 해두고 있어야만 합니다.

그래서 저는 학생들이 실제로 노트를 만들고 있는지를 체크를 하는데, 예쁘게 정리했느냐가 중요한 것이 아니라 자신만의 단어로 정의를 정리하고 관련 문제풀이를 자신이 알아볼 수 있는 것이 중요합니다. 이를테면 문제에서 다루고 있는 정의나 제가 설명한 부분들이 주석으로 들어가 있는지를 살펴봅니다. 그리고 잘 정리된 노트는 학생들에게 복사를 해서 나누어 줍니다. 때로는 잘 정리한 친구들이 자기가 한 것을 다른 학생들이 혜택을 보는 것이 불공평한 것 같다고 말을 하지만, 어차피 스스로 정리를 해본 것이 아니면 자기 것이 되지 않기 때문에 그럴 염려는 없다고 말합니다. 그것을 정리하는 동안 정리한 학생은 공부를 실제로 한 것이니, 그 차이가 분명 있다고 알려줍니다.

❝ 학생들에게 예·복습 스터디를 권장하고 지원합니다. ❞

학생들이 수업 외에 어떤 학습활동을 하고 있는지 궁금합니다. 과제를 푸는 것 이외에도 다른 활동들이 있습니까?

수학교육과에서는 예·복습 스터디가 활성화 되어 있습니다. 지금은 복습 스터디 위주로 운영되고 있지만, 예전에는 예습 스터디도 있었습니다. 저는 학생들에게 스터디 그룹을 구성해 꾸준히 활동을 하라고 매번 강조합니다. 그 이유는 스터디를 하게 되면 자기가 다른 사람들에게 설명하는 시간을 조금이라도 더 갖게 되기 때문입니다. 발표를 하려면 자신이 그만큼 많이 공부를 해야 하기 때문에 그것이 또 학생들에게는 큰 도움이 됩니다. 고등학교와는 달리 대학교에서는 어느 누구도 어디서부터 어디까지 공부하라고 조언해주지 않습니다. 자율적인 공부를 해야만 계속해서 성장을 할 수 있는데, 스터디는 서로 공부하는 것을 자극하고 격려하는 좋은 방법입니다. 자신이 공부한 좋은 방법, 상담을 하면서 깨달은 것들을 서로 공유하고 도와주면서 함께 성장하는 것입니다.

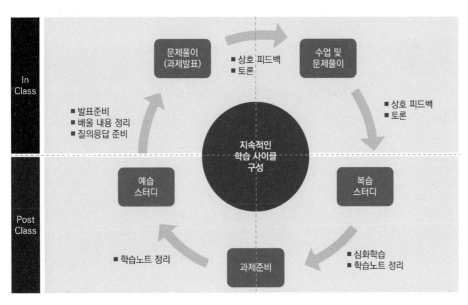

── 학생들의 학습 사이클

알다시피 수학은 그 어떤 학문보다도 단원 간 연계성이 강하다. 문제 하나하나, 증명과 풀이 과정에서 넘어갈 때마다 타당성이 있어야 한다. 한편 또 지나치게 세부적인 부분에만 집착해 공부한다면 방향을 잃기 쉬운 게 수학이라는 학문이다. 그 흐름을 놓치지 않도록, 수업과 단원을 마치 한 이야기처럼 연결해 설명하기 위해 이전익 교수는 끊임없이 반복하며, 무엇보다 학생들 스스로 직접 풀이해 보는 게 중요하다고 강조하고 또 강조한다.

4차 산업혁명 시대에서 창의 융합은 기본에서 온다. 순수 수학의 기본을 제대로 갖출 때 다양한 산업 분야에 접목하는 산업 수학이 제대로 적용될 수 있다. 수학은 앞으로도 기초 학문으로서 그 중요성이 더해갈 것이다.

특히 사범대 학생들은 앞으로 직접 가르치는 사람이 되어야 하기 때문에, 이전익 교수는 더더욱 수업 시간에 문제를 푸는 시간을 할애한다. 창의적인 방법으로 문제를 푸는 학생들을 볼 때마다 너무나 기쁘다는 말에서 진심이 전해진다. 이전익 교수의 지도 학생이 되려면 몇 번 눈물을 흘려야 할지도 모르고 무섭지만, 만족하지 않을 수 없을 것이라는 학생들의 말 또한 마찬가지일 것이다.

신

동

하

SHIN DONGHA

한국전자통신연구원(ETRI) 책임연구원 역임
1997년 상명대학교 부임
2003년 임베디드 소프트웨어 트랙 운영
(현) 미래융합공학대학 전자공학과 교수

끊임없이 동기 부여하고 롤 모델이 되어주는 교수

학생들에게 있어 좋은 교수란 어떤 모습일까? 언제나 미소 지으며 따뜻하게 격려하고 늘 포용하는 교수여야만 할 것 같다. 우리에게 각인된 좋은 스승의 상(想)이란 영화 '죽은 시인의 사회'에 등장하는 키팅 선생님 같은 모습이기 때문이다.

하지만 신동하 교수의 특징에 대해 물으면, 학생들은 오히려 신동하 교수가 학생과 대화를 많이 나누거나 다정다감한 성향은 아니라고 답한다. 그렇지만 '공감과 영감을 주는 분', '실력자', '진짜 과학자'라며 존경의 의미를 담은 다양한 수식어로 신동하 교수를 표현한다. '컴퓨터과 학생이라면 꼭 들어야 하는 수업', '수강했다는 게 전혀 후회되지 않는 과목'이라는 극찬을 아끼지 않는다.

그렇다면 왠지 다가가기 어렵고 무뚝뚝할 듯한 신동하 교수와 그 강의의 어떤 면이 학생들에게 긍정적인 영감을 주며 동기 부여를 하는 것일까?

흥미와 진정한 동기 부여를 위한 롤 모델 제시

　　'물가에 소를 데리고 올 수는 있지만 물을 억지로 먹일 수는 없다'고 한다. 그러나 목이 마른 소는 억지로 물을 먹이려 하지 않아도 스스로 찾아 마신다. 학생들이 자발적으로 수업에 몰입하고, 강의실 밖에서도 공부를 하도록 만드는 힘은 바로 전공 분야에 대한 흥미와 자신감이다.

　　먼저 신동하 교수는 본인도 실제 학생으로 오래 있었던 연구소의 경험담을 소개해 동질감을 느끼게 하고, 실제 현장에서 활발히 일하는 졸업생 가운데 국내·외 대기업에 근무하는 전문가들을 자주 소개한다. 그 졸업생들은 후배들을 위해 직접 영상을 제작해 보내기도 한다. 회사와 일을 소개하고 업무와 전공 연관성, 현재 꿈을 이뤄가는 과정을 있는 그대로 보여준다.

　　성적과 실제 현장에서의 업무 능력은 반드시 일치하지 않는다. 따라서 뒤늦게라도 공부에 눈뜰 수 있도록 스스로 할 때까지 기다려주는 것 또한 신동하 교수의 동기 부여 방법 중 하나다.

❝ 현장 필드를 중심으로 학생들에게 공감대를 형성해주어야 합니다. ❞

교수님께서 수업하시는 강의는 무엇이고, 학생 구성은 어떻게 되나요?

　　　　　　　　1~4학년을 두루 맡고 있고, 주요 강의로는 '프로그래밍 언어론'이 있습니다. 프로그래밍 언어론은 40~50명 정도 되고, 2반으로 운영되고 있습니다. 4학년 과목은 한 반에 30~40명 정도 됩니다. 최근에는 1~2학년보다 3~4학년들 그리고 대학원생들을 대상으로 강의를 많이 하게 되었는데, 1~2학년보다는 대부분 철이 들어 있기 때문에 더 편한 느낌이 듭니다. 이미 동기 부여가 충분히 된 학생들도 많고, 어느 정도 전공에 대한 감을 가지고 있기 때문입니다.

학생들이 교수님께서 '공감대'를 많이 형성해준다고 말하는데, 어떤 식으로 공감대를 형성하시나요?

제가 말을 많이 하는 편은 아닙니다만, 아무래도 제가 대학교 교수로 오기 전에 연구소에서 15년 정도 있었던 경험에 대한 이야기들이 학생들에게는 많은 공감이 되었던 모양입니다. 직접 경험했던 필드에 대한 이야기, 그 당시 학생이나 연구원으로서 제가 했던 고민들을 중심으로 학생들을 이해하려고 하고 또 그와 관련된 이야기를 수업 시간에 종종 해줍니다. 예를 들어 제가 하는 분야가 '임베디드 소프트웨어'인데 이 분야의 경우에는 프로그래밍을 많이 작성하게 되어 있습니다. 연구소에 있을 때 저는 프로그래밍을 굉장히 많이 진행했었는데, 실제 학생이었던 시절이 있기 때문에 학생들의 어려움도 잘 알고 있고, 학생들의 이야기가 남 이야기 같지 않습니다. 이 부분이 학생들에게 동질감을 느끼게 했던 것 같습니다. 저는 교수와 학생들이 동질감을 느끼고, 관심사나 고민이 일치하는 것이 중요하다고 생각합니다. 그것이 일치하면 강의가 잘 진행되는데, 특별한 교육철학 같은 것보다는 이 부분을 매 시간마다 학생들이 느낄 수 있도록 해주는 것이 중요한 것 같습니다.

그리고 저는 수업 시간에 현재 필드로 나가있는 졸업생 중 제가 가르쳤던 학생들의 이야기나 마이크로오피스Microsoft Office나, 퀄컴Qualcomm 등 국내·외 대기업에 종사하는 전문가들의 이야기들을 자주 해줍니다. 현재 제가 학교에 온 지 20년 정도가 되었는데, 그만큼 필드에 나간 졸업생들이 많습니다. 이 졸업생들이 바로 현재 학교를 다니고 있는 학생들에게는 전공에 흥미를 갖도록 하는 요소가 됩니다. 전공에 대해서 3~4학년에는 무조건 관심을 가져야 하는데, 저는 졸업생들의 이야기를 메일과 휴대 전화로 받아서 수업 시간에 많이 나누려고 합니다. 그리고 그 학생들의 히스토리를 함께 나눕니다. 학생들에게는 공부하라고 하는 것보다 그 친구들을 찍어서 보여주는 게 훨씬 효과가 좋습니다.

—— 신동하 교수의 인터뷰 모습

신동하 교수가 직접 운영하는 사이트에 전공 계열의 다양한 기업에서 근무하고 있는 졸업생들의 자기소개 및 회사소개, 업무안내 영상을 올려 학생들에게 격려를 해주고 있다. 각 영상은 때때로 수업에서 보여주거나 사이트에 학생들이 수시로 접속하여 동기부여를 받을 수 있도록 하고 있다.

1. 미국 퀄컴(Qualcomm)에서 근무하는 01학번 졸업생의 영상

2. 삼성전자 반도체 사업부에서 근무하는 99학번 졸업생의 영상

졸업생들이 직접 작업실 및 회사 생활공간 곳곳을 보여주면서 회사나 업무 소개뿐만 아니라 업무와 전공과의 연관성, 최근 현업에서 중요한 지식들, 본인이 학부생 시절 가졌던 꿈이나 학업생활, 현재까지 꿈을 이루어가는 과정들에 대해서 설명을 해주고 있다.

❝ 지금이 중요한 게 아니라, 나중에도 잘 하느냐가 중요합니다. ❞

나중에 학업열정이 생긴 친구들은 어떻게 끌어오시나요?

일단 학생들에게 강조하는 것은 '지금 공부를 잘하느냐 못하느냐가 일생 동안 계속 유지되는 것이 아니다'라는 것입니다. 물론 타고나서 공부를 잘하는 친구들이 있지만, 50명 중에 5명 미만입니다. 그리고 하위권과 중상위권 차이는 거의 없습니다. 제가 볼 때 D나 B나 큰 차이가 없습니다. D를 받아서 우울할 것도 없고 B를 받아서 즐거워 할 것도 없습니다. 중요한 건 '그 과목에 흥미가 실제로 생겼는가'입니다. 학생들은 그것을 이해하기가 쉽지 않습니다. 성적이 전부라고 생각하기 때문입니다. 하지만 실제 산업체에 가면, 공부를 잘했다고 해서 일을 잘하는 것이 아닙니다. 오히려 뒤늦게 정신을 차리는 친구들이 일을 더 잘하는 경우가 많습니다. 몇 년 전에 가르친 학생의 경우에는 1~2학년 때 거의 F를 받았습니다. 어중간하게 하루 빠지고 시험 백지를 내면 F를 받게 되어 있는데, 그것이 가능성을 말해주지는 않습니다. 이런 친구한테는 재미를 붙여서 올라 갈 수 있다는 가능성을 보여주는 것이 중요합니다. 저는 이런 친구들을 3~4학년 때 발굴하려고 하는데, 이 친구들이 4학년 정도 되면 거의 A입니다. 실제로 그런 학생들이 굉장히 많습니다.

이 때 학생들을 위로 끌어오는 방법이 무엇이냐면, '본인이 할 때까지 기다려 주는 것'입니다. 그리고 '자기가 여태까지 못한 것은 인생에서 별 것이 아니다'라고 지속해서 시그널을 주어야 하는 것입니다. 이런 학생들은 두 가지 타입이 있습니다. 원래부터 잘하던 친구들이 있고, 공부를 잘 못했었는데 중간에 정신을 차려서 무섭게 공부하는 친구들입니다. 후자의 친구들이 더 기업체에서 필요로 하는 능력을 가진 경우가 많고, 훨씬 더 인간적일 때가 많습니다. 전자 공학이나 컴퓨터 공학을 하지만, 일을 할 때에는 인간적인 모습을 하고 있는 친구가 더 일터에서는 선호되는 경우도 많습니다. 이런 장점들에 대해서도 계속 말해주는 것이 중요합니다.

수업과 수업을 잇는 과제와 퀴즈

수업과 수업 사이 학생들은 어떤 단계를 밟아갈까? 15주 동안 배우는 지식들이 서로 연계되지 않거나 학생의 머릿속에 충분히 내재화되지 않는다면, 아무리 좋은 강의라 하더라도 휘발될 가능성이 높다. 숫자를 배우면 덧셈과 뺄셈을 배우고, 이후 곱셈과 나눗셈을 배우는 것처럼 각 수업 단계는 계속해서 연결고리를 만들어 이어가야 하고, 이전 단계에서 다음 단계로 나아가려면 충분한 연습과 과제 수행이 필수다. 공학은 이론과 실제가 모두 중요한 학문이다. 신동하 교수는 과제를 무조건 쉽게 내지 않는다. 학생들이 배운 이론과 지식을 바탕으로 더 깊이 사고하고 나아가도록 하고, 과제를 통해 복습하게 하려는 의도에서다. 과제 지침서를 제시하고 문제마다 그 중요성과 의미를 설명하는 것 또한 수업 연결과 동기 부여에 중요한 역할을 한다.

❝ 15주차 중에 10번은 과제가 나갑니다. ❞

교수님의 한 학기 강의에서 가장 큰 특징이 있다면 무엇일까요?

저는 과제와 퀴즈를 많이 내는 편입니다. 먼저 과제에 대해 말씀드리면, 15주 동안 평균 10번 이상의 과제가 나갑니다. 첫날, 중간고사, 기말고사를 제외하고 거의 매주 과제가 있습니다. 과제의 내용은 그 날 배운 내용을 바탕으로 연습문제처럼 푸는 문제입니다. 하루에 1~2시간 정도는 이 과제를 진행해야만 하도록 되어 있습니다.

컴퓨터 과학이나 전자 공학은 '이론'과 '실제' 모두 중요합니다. 기초적인 이론이 튼튼하지 못하면 아무것도 하지 못합니다. 나가서 컴퓨터나 보드 같은 실제 물건을 만들어야만 하고, 이 안에 들어가는 소프트웨어를 만들어야 하는데, 열심히 한다고 물건이 만들어지는 것이 아닙니다. 이론을 알아야만 만들 수가 있는 것입니다. 그렇지만, 이론을 머릿속에 그릴 줄 안다고 해서 실제로 그것이 구현되는 것은 아닙니다. 그래서 프로그래밍 실습이 매우 중요하고, 이것은 과제를 통해서 여러 번, 다양하게 하는 것이 가장 효과적입니다.

그래서 저는 학생들에게 과제를 상당히 많이 내는 편이고, 퀴즈도 자주 보는 편입니다. 과제는 주로 온라인상에서 제출할 수 있도록 합니다. 제가 만든 LMS 시스템이 있어서 저는 주로 그 공간을 많이 활용하고 있고, 질의응답도 그 안에서 받고 있습니다.

1주차	2	3	4	5	6	7	중간고사	9	10	11	12	13	14	기말고사
	과제1	과제2	과제3	과제4	과제5			과제6	과제7	과제8	과제9	과제10		

- 과제에 대한 정보는 수업 시작 전 미리 예고된다.
- 과제의 내용은 '복습+응용'할 수 있는 내용으로 제시된다.
- 과제에 대한 질의응답은 온라인 혹은 SNS를 통해 이루어진다.

퀴즈 2~4회

- 퀴즈는 평소에 공부를 하는 학생과 그렇지 않은 학생을 구분하기 위해 예고 없이 진행된다.
- 퀴즈는 상황에 따라 온/오프로 진행된다.
- 퀴즈에 대한 문제풀이 및 채점기준에 따른 성적 처리 방법 등은 바로 그 다음 수업에서 진행된다.

━━━ 신동하 교수의 한 학기 과제 및 퀴즈 구성

❝ 수업에서는 과제의 1/3만 다룹니다.
　　　나머지는 학생들이 스스로 채워나가야 할 부분입니다. ❞

과제의 내용과 난이도는 어떻게 되고, 학생들에게 어떤 방법으로 제시해주나요?

과제의 내용은 배운 내용을 '확인'하고 '응용'하는 차원에서 설정이 됩니다. 실제로 학생들이 과제를 하기 위해서는 수업에서 다룬 내용 중 1/3을 적용하고 나머지는 학생들이 공부를 하면서 내용을 채워나가야만 합니다. 수업 시간에는 과제로 나가는 것과 유사하고 표준적인 문제들을 풀어주어서, 수업을 들으면 과제를 이해하고 진행할 수 있도록 해줍니다. 난이도로 표현하자면 중상 정도가 될 것 같습니다. 실제로 그냥 주면 풀 수 있는 학생이 절반도 안 될 만큼의 난이도를 가진 문제입니다. 하지만 수업을 들은 학생이라면 충분히 풀 수 있게 문제의 조건이나 내용을 일부 가공을 해서 그 난이도를 낮춰놓습니다.

무조건 쉽게 내지 않는 이유는 학생들이 배운 내용을 바탕으로 깊이 사고할 수 있도록 만들어 주기 위해서입니다. 제 강의에서는 수업과 과제가 연관이 많이 되기 때문에 학생들은 과제를 하면서 복습repeat을 많이 하게 됩니다. 그리고 문제를 풀기 위해서 10이 필요하다고 하면 저는 5 정도만 알려주어도 된다고 생각합니다. 왜냐하면, 실제로 5만 안다고 했을지라도 나머지 5를 자기 스스로 이것, 저것을 찾아보고 주어진 시간에 풀어내는 작업이 실제 사회에 나가서도 중요하기 때문입니다. 실제 현실에서는 못 푸는 문제들이 굉장히 많으니까요. 못 풀 것 같은 것들을 끙끙거리면서 완성해내는 재미를 학생들에게 계속 알려주어야 학생들도 탄력을 받아서 지속적으로 공부할 수 있게 됩니다.

❝ 과제 내용과 과제지침서를 수업 전에 미리 올려둡니다. ❞

과제는 온라인 공간에 올려두는데, 올리기 전 수업 시간에 다음 주에 어떤 프로그래밍 숙제가 나갈 예정이라는 것을 미리 알려줍니다. 그러면 학생들은 수업을 들으면서 과제와의 연계성을 계속 상기하게 됩니다. 수업 종료 시에는 '과제지침서'를 제공해주어서 채점 기준과 같이 학생들이 과제를 할 때 참고할 내용들에 대해 미리 말해줍니다.

EA0011: 프로그래밍 언어론

✓	NO		SUBJECT	NAME	DATE	HIT
☐	15		◇ acacia 계정 제거 및 백업	신동하	2016.12.08	768
☐	14		◇ 졸업프로젝트 팀 지도 공고 (변경: 12월 20일까지)	신동하	2016.12.03	297
☐	13		◇ QnA 기록 완료일	신동하	2016.12.03	260
☐	12		◇ 기말고사 공고	신동하	2016.11.22	341
☐	11		◇ 숙제 6 출력 화면 보기	신동하	2016.11.07	396
☐	10		◇ 중간고사 점수 분포	신동하	2016.11.03	330
☐	9		◇ Expression (Let) 언어 Interpreter	신동하	2016.10.18	469
☐	8		◇ 인턴 연구원 모집	신동하	2016.10.17	318
☐	7		◇ 숙제 4 보충 설명	신동하	2016.10.14	747
☐	6		◇ 중간고사 일정 공고	신동하	2016.10.12	335
☐	5		◇ 숙제 3.5 보충 설명	신동하	2016.10.09	361
☐	4		◇ C 언어의 struct와 union	신동하	2016.10.05	313
☐	3		◇ 숙제 2 보충 설명	신동하	2016.09.29	509
☐	2		◇ acacia 서버 접속 방법	신동하	2016.09.10	1555
☐	1		◇ 게시판 시험 중 [2]	신동하	2016.08.31	581

■■■■ 학생들에게 매주 제시해주는 과제와 과제지침서, 보충설명 사례
(2016-2 프로그래밍 언어론 수업)

제목: "EA0011: 프로그래밍 언어론" 수강 요령
작성: 신동하 교수(dshin@smu.ac.kr)

1 일반 사항

1.1 본 과목은 3학년 2학기에 수강하는 전공 과목입니다. 수강 학생은 본 과목의 홈페이지의 http://e.smu.ac.kr 의 강의실에 저장되어 있는 강의 계획서를 읽고 이해하여야 합니다.

1.2 강의 관련 모든 자료는 위 홈페이지의 강의실에 저장되어 있습니다. 학생은 수업 참가 시 (1) 교재 및 (2) 강의 슬라이드 자료를 꼭 지참하여야 합니다.

1.3 수업 관련한 질문은 (1) 수업 시간 중 언제든지 할 수 있으며, (2) 위 홈페이지에 개설된 게시판을 이용할 수도 있고, (3) 본 과목 강사에게 email을 보내서 질문할 수 있으며, 혹은 (4) 개인 상담 시간 예약을 통하여 질문할 수 있습니다. 게시판 혹은 email로 질문할 때는 학생의 이름 및 학번을 꼭 명시하기 바랍니다.

1.4 수업의 1/30이상 결석을 할 경우 학교에 보고되어 자동 F학점 처리됩니다. 학점은 강의 계획서에 명시된 기준에 따라 학생의 여러 항목의 성적을 합산한 총점 기준으로 상대 평가하여 주어집니다. 학생 본인의 각 항목의 점수는 학기 중 언제든지 알 수 있습니다.

1.5 (계획중) 매주 강의한 내용에 대한 복습 및 질의 응답 시간을 수업 시간 이외에 추가로 1시간/1주 정도 가질 예정입니다. 이때 본 과목의 튜터가 지도를 담당합니다. 이를 위한 시간/장소는 미리 공지 예정입니다.

2 수업 관련

2.1 수업 도중 질문 사항 혹은 건의 사항 등이 있으면 손을 들어서 교수에게 요청합니다. 손을 들어 요청한 사항은 가장 우선 순위 높게 서비스됩니다.

2.2 수업 중 질문을 한 학생에게 질문의 내용에 따라 수업 참여도 점수가 주어집니다. 이 점수를 받기 위해서는 질문 후 과목 홈페이지의 "QnA기록" 게시판에 기록하여야 합니다.

2.3 수업이 시작되고 교수가 교실에 입장하면 아래 사항이 절대 금지됩니다. (1) 잡담, (2) 휴대폰 사용, (3) 잠자기, (4) 기타 수업에 충실하지 않는 행위. 이를 위반하는 학생은 감점이 주어집니다. (예: 최종 성적이 A인 경우 B로 감점)

2.4 수업 시작 후 다음 사항은 강사의 허락 없이도 허용됩니다. (1) 화장실 가기, (2) 잠 깨우러 나가기, (3) 기타 급한 용무가 있는 경우 나가기.

3 과제 관련

3.1 모든 과제는 제출 시간이 있습니다. 늦게 제출한 과제는 0점 처리됩니다. (만약 특별한 사유가 있어서 제출 시간 전에 미리 통지한 경우에는 사정에 따라 늦게 제출도 인정 가능) 과제가 미완성일 경우도 부분 점수가 주어지니 본인이 완성한 부분까지 정리하여 꼭 제출하여야 합니다. 과제 제출 시 A4 크기 흰색 혹은 노란색 용지(이면지 사용 가능함)를 사용하고, 표지 페이지는 없으며, 첫 페이지 첫 줄에 (1) 과목 명, (2) 과제 번호, (3) 학생 이름, (4) 학번을 꼭 명시하고 둘째 줄부터 연필로 과제를 작성합니다. 완성된 과제는 세로로 이등분하여 접어서 타인이 볼 수 없도록 한 후 제출합니다.

3.2 과제는 자신의 힘으로 완성하여야 하며, 풀이 과정을 타인과 절대 토론할 수 없습니다. 아래 사항은 부정 행위이며 발견되면 해당 학생 모두 F학점 처리됩니다. (1) 과제를 타인이 대신 해 주는 행위, (2) 타인의 과제를 베끼는 행위 (3) 이해하지 못하는 서적 및 기타 자료 등을 베끼는 경우, (4) 타인의 부정 행위를 도운 경우, (5) 제출한 과제를 교수 요청 시 본인이 재현할 수 없는 경우.

3.3 프로그래밍 과제는 서버 "acacia.smu.ac.kr"의 지정된 디렉토리 내의 지정된 파일에 작성하여야 합니다. 이는 각 과제 설명서에 자세히 명시되어 있습니다. 프로그래밍 서버의 운영체제가 Linux이므로 학생은 Linux 명령어 사용 방법 및 문서 편집 방법을 사전에 공부하여 알고 있어야 합니다. 이 서버의 자기 password를 타인에게 알려주는 행위도 부정 행위입니다.

Name	Last modified	Size
⬅ Parent Directory		-
🖹 hw01-Scheme.pdf	01-Sep-2016 00:00	72K
🖹 hw02-Scheme Programs.pdf	01-Sep-2016 00:00	67K
🖹 hw03-Context-Free Grammar.pdf	01-Sep-2016 00:00	70K
🖹 hw04-Datatype.pdf	01-Sep-2016 00:00	158K
🖹 hw05-SLLGEN-System.pdf	01-Sep-2016 00:00	121K
🖹 hw06-LET-output-trace.pdf	01-Sep-2016 00:00	21K
🖹 hw06-LET-output.pdf	01-Sep-2016 00:00	16K
🖹 hw06-LET.pdf	01-Sep-2016 00:00	103K
🖹 hw07-LETREC-output-trace.pdf	01-Sep-2016 00:00	40K
🖹 hw07-LETREC-output.pdf	01-Sep-2016 00:00	14K
🖹 hw07-LETREC.pdf	01-Sep-2016 00:00	98K
🖹 hw08-IMPLICIT-REFS-output-trace.pdf	01-Sep-2016 00:00	454K
🖹 hw08-IMPLICIT-REFS-output.pdf	01-Sep-2016 00:00	14K
🖹 hw08-IMPLICIT-REFS.pdf	01-Sep-2016 00:00	92K
🖹 hw09-CHECKED-output-trace.pdf	01-Sep-2016 00:00	20K
🖹 hw09-CHECKED-output.pdf	01-Sep-2016 00:00	17K
🖹 hw09-CHECKED.pdf	01-Sep-2016 00:00	92K

학생들이 무엇을 해야 하고, 점수는 어떻게 계산이 되는 것인지를 과제를 하기 전 미리 참고할 수 있도록 해줌으로써, 과제를 보다 분명하고 명쾌하게 인식할 수 있도록 도와줍니다. 그리고 과제 문제마다 어떤 것은 왜 10점이 되고, 어떤 것은 5점이 되는지를 설명해줍니다. 아무래도 점수가 높은 것은 더 난이도가 높다는 것인데, 문제들마다의 중요성이나 의미를 설명해주어야 학생들에게 모티베이션이 생깁니다.

■■■ 신동하 교수의 수업에 참여한 학생들의 의견

"컴퓨터과 학생이라면 꼭 들어야 합니다. 정말 강의력이 대단하신 교수님이십니다."
"전공 과목 중 전혀 후회되지 않는 몇 안 되는 과목 중 하나입니다."
"과제는 매주 나가고 힘든 수업이지만, 그만큼 얻어가는 것이 많은 수업입니다."
"과제를 하는 것이 곧 공부이고, 수업과 과제, 퀴즈가 서로 연결되어 있어서 하다 보면 실력이 향상되는 것을 느낍니다."
"교수님의 수업은 전공 분야에서 가장 최신의 사례들로 채워져 있습니다."

질의응답의 골든타임

풀어도, 풀어도 풀리지 않는 문제가 있다면 어떻게 할 것인가? 이때 학생들이 주저 없이 교수에게 질문하도록 하려면 교수와 학생 간 무엇이 전제되어야만 할 것인가? 바로 질문했을 때 교수가 원하는 답을 주리라는 신뢰가 형성될 때 가능하다. 그래서 질의응답에도 골든타임은 존재한다. 질문에 대한 한 번의 침묵은 영원한 침묵으로 이어질 수도 있다.

신동하 교수는 학생들이 궁금해하는 순간, 학생의 호기심이 사라지기 전에 그 궁금증을 해결할 수 있는 마법의 열쇠를 선물한다. 물론 완벽한 답안을 주지 않는다. 과제의 힌트만을 줘야 나머지 부분은 학생 스스로 사고하고 문제를 해결하는 능력을 키울 수 있기 때문이다.

❝ 하루가 지나가기 전에 질문에 답해줍니다 ❞

어떤 방법으로 피드백을 주시나요?

과제를 하고 2주 정도 지나면 모든 학생들의 채점 결과가 명확해지기 때문에 그 결과를 학생들에게 알려줍니다. 그리고 과제지침서를 이미 전달했기 때문에 학생들은 왜 평가 결과가 그렇게 되었는지를 알고 있습니다. 그리고 제가 내 주는 과제들은 주로 웹상에서 이루어지는데, 만들어 놓은 프로그램을 쓰면서 테스트를 해보고 자신이 짠 프로그램을 실험해볼 수 있습니다. 그 과정에서 자기가 푼 문제가 몇 점이고, 몇 개를 틀렸는지를 볼 수 있기 때문에 학생들은 자기가 몇 점인지를 압니다. 그리고 과제와 관련해서 일부 내용은 수업 시간에 설명을 해줍니다. 혹시라도 자신이 평가 받은 내용에 대해서 더 자세히 알고 싶은 학생들이 찾아오면 제가 평가한 기준들에 대해서 다시 설명을 합니다.

과제 결과에 대한 피드백이라기보다는 그 과제를 하면서 저와 대화를 많이 하는 편입니다. 과제를 하면서 학생들은 질문이 많아지는 편인데, 카톡Kakao talk 같은 것으로 사진을 찍어서 보내면, 학생들이 곤란을 겪고 있는 부분에 대한 설명을 해줍니다. 물론

✓	NO ☆	SUBJECT	♨ NAME	☷ DATE	HIT
☐	332	◇ 2016년 10월 20일	임	2016.12.15	4718
☐	331	◇ 2016년 10월 18일	임	2016.12.15	136
☐	330	◇ 2016년 10월 6일	김	2016.12.15	84
☐	329	◇ 2016년 11월 28일	이	2016.12.15	84
☐	328	◇ 2016년 10월 6일	임	2016.12.15	94
☐	327	◇ 2016년 12월 8일	김	2016.12.15	78
☐	326	◇ 2016년 9월 27일	이	2016.12.15	114
☐	325	◇ 2016년 12월 8일	김	2016.12.15	85
☐	324	◇ 2016년 11월 12일	이	2016.12.15	76
☐	323	◇ 2016년 10월 12일	김	2016.12.15	93
☐	322	◇ 2016년 10월 12일	김	2016.12.15	78
☐	321	◇ 2016년 10월 13일	김	2016.12.15	83
☐	320	◇ 2016년 10월 6일	김	2016.12.15	150
☐	319	◇ 2016년 10월 6일	김	2016.12.15	146
☐	318	◇ 2016년 10월 6일	김	2016.12.15	916

EA0011: 프로그래밍 언어론

Name	신동하
Subject	졸업프로젝트 팀 지도 공고 (변경: 12월 20일까지)

다음 학기에 졸업프로젝트 1팀을 지도할 예정이니 아래 기술 분야로 지도 받고 싶은 학생은 팀(4명 정도)을 구성하여 12월 20일까지 신동하 교수(dshin@smu.ac.kr)에게 이메일로 연락 바랍니다. (12월 21일까지 학과사무실에 알려야함)

기술분야: 임베디드시스템, 프로그래밍언어, 컴파일러 등 (재미있으면서 쉽고 컴퓨터과학적인 프로젝트 하고 싶은 학생 환영)

신동하 교수

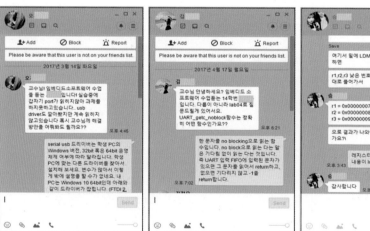

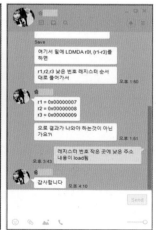

온라인 공간과 SNS를 통해 진행되는 활발한 질의응답

상담을 할 때에는 과제의 힌트를 주는 것이지, 답을 주지는 않습니다. 5%, 10% 정도에 대한 힌트는 주지만 답은 주지 않습니다. 예를 들어서, 5시간이나 풀었는데도 0점이 나오는 경우가 있습니다. 이런 경우에는 대개 논리적으로 틀리거나 문제를 푸는 과정을 몰라서가 아니라, 코딩 과정에서 아주 미세한 오류가 나는 것이기 때문인데 그게 학생의 눈에는 보이지 않는 것입니다. 그럼 그에 대한 것을 찍어서 보여주면, 어느 부분에서 놓치고 간 것이 있었는지 제가 바로 알려줍니다.

4차 산업혁명 시대, 기계와 인간, 인간과 인간 사이 소통은 더더욱 어려워지고 중요해졌다. 어떤 기계를 만들 때 사람들이 어떤 부분을 왜 좋아할지 예측하기란 쉽지 않다. 따라서 만들어둔 기계나 장치나 제도에 문제가 생길 때 바로바로 고칠 수 있는 능력, 즉 문제 해결 능력이 더 중요하다. 그 능력을 키우는 기초는 호기심과 기본 지식이다.

실제로 문제가 발생할 때 기초가 튼튼할수록 해결하고 사고를 피해갈 수 있다고 신동하 교수는 역설한다. 그 기초를 낙오 없이 잘 세우고 함께 확장하고 발전시킬 수 있도록 최선을 다해 동기 부여하고 끊임없이 롤모델을 제시한다. 신동하 교수는 이미 학생들이 인정하는 롤모델 그 자체다. '전공 분야에서 늘 가장 최신 사례로 채워진 강의'라는 학생들의 표현은, 현장과 학문을 끊임없이 연결하며 동기 부여를 돕는 롤모델을 찾는 그의 노력에 대한 당연한 반응이다.

이
승
택

LEE
SEUNGTAEK

가톨릭대, 고려대, 금강대, 한경대 시간강사
2014년 상명대학교 부임
(현) 계당교양교육원 조교수

'학생 존중과 의미 있는 배움'을 통해 함께 성장하는 교수

이승택 교수는 학생들에게 '갓(God)'이라는 접두어를 붙인 별칭으로 불리며 수강신청도 가장 먼저 마감이 되는 것으로 유명하다. 일반적으로 어렵고 딱딱한 인상을 가지고 있는 '법과 인권, 민주주의'를 배우는 과목이 최고 인기 있는 교양수업으로 자리매김한 비결은 무엇일까? 이승택 교수의 수업은 쉽지 않다. 오리엔테이션을 겸한 첫 수업부터 세 시간 풀 강의를 하고, 시험범위와 암기할 수업내용도 상당하다. 시험문제와 답안에 대한 피드백을 반드시 진행하며, 사이버강의의 경우 단 한 명의 수강생이 참석하더라도 in-class(현장) 피드백을 별도로 진행한다. 지난 학기에는 예기치 않은 사고로 큰 수술을 한 다음날에도 기어이 수업을 진행하여 동료 교수들의 우려를 산 적도 있었다. 이러한 사례들에서 학생들의 '학습권 보장'에 대해 철저하고 엄격한 그의 태도를 엿볼 수 있다. 학습은 가장 기본적인 인권의 하나이며 학생들은 원하는 것을 학습할 권리가 있다는 것. 또한 학생들은 학습을 위해 필요한 교육을 요구할 권리가 있다는 것을 새삼스레 되새기게 한다. '수업시간 엄수'와 '충실한 수업내용'이야말로 교수자와 학생 간의 가장 근본적인 약속이다. 이런 의미에서 이승택 교수의 수업은 '기본을 지키며', '학습의 권리를 보장하는' 학생중심수업의 모범 사례이다.

생각하는 힘을 키우는 수업

사유思惟 능력은 인간이 생존하고 성장하기 위해 가장 중요한 요소이다. 독립적으로 생각하는 힘을 가진 사람은 스스로를 끊임없이 발전시킬 수 있고 문제와 그 해결방법을 찾아낼 수 있다. 프랑스 소설가 폴 부르제Paul Bourget의 '생각대로 살지 않으면 사는 대로 생각하게 된다.'는 구절을 빌리지 않더라도 우리가 사유 능력을 갖추지 못했을 때, 급변하는 사회의 변화를 읽어내지 못하고 자신의 언어가 없는 수동적인 삶을 살 수밖에 없다는 것은 자명하다. 이승택 교수는 민주주의, 인권, 법학 일반에 대한 강의를 담당하고 있다. 왜 법이 필요하고, 법을 어떻게 이해하고 활용할 수 있는지에 관한 수업인 '법학의 세계', 개인의 자유와 권리를 사회적 이슈와 쟁점을 통해 이해하고 인권에 대한 이해와 감수성을 높이기 위한 수업으로 '사회적 이슈와 인권 1, 2', 현대 국가공동체의 질서와 운영원

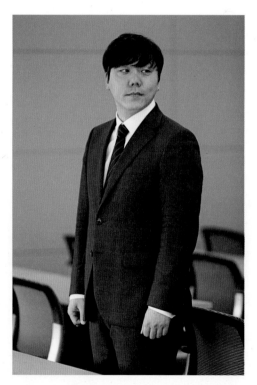

강의실에서 이승택 교수의 모습 ■■■

리로서 민주주의를 여러 시각에서 살펴보는 '처음 만나는 민주주의', 그리고 이러한 법, 인권, 민주주의에 관한 우리 공동체의 최고 규범인 대한민국헌법을 처음부터 끝까지 함께 읽으면서 종합적이고 체계적인 이해를 시도하는 '시민과 헌법' 등을 강의하고 있다.

이러한 수업들을 통해 사회과학적 이해와 인식 방법 및 법적 사유 역량을 강화하여 학생들이 주체적으로 '생각하는 힘'을 키울 수 있도록 수업을 운영한다. 현재 천안캠퍼스에는 사회과학, 특히 법학이나 정치학 같은 영역의 단과대학이나 전공이 없기 때문에 이 영역을 체계적으로 포괄할 수 있는 교양 수업의 개설은 의미가 있다. 현재 '처음 만나는 민주주의' 수업은 사

이버 강의로 개설하여 좀 더 많은 학생들이 수강할 수 있도록 하고 있으며, '사회적 이슈와 인권'은 1학기에는 자유로운 세상을 향한 인권, 2학기에는 차별 없는 세상을 향한 인권이라는 소주제로 나누어 2개의 수업을 운영하고 있다.

> 수업시간에 다양한 학생들의 시각이 어우러지고
> 서로 다른 생각을 공유할 수 있도록 노력합니다. 이를 통해
> 세상을 바라보는 넓은 시각과 통찰을 얻을 수 있다고 생각합니다.

교수님 수업은 수강생이 많은 대형 강의가 대부분인데, 서로의 생각을 공유하는 토론 수업을 진행하기가 어렵지 않으신지요?

제 수업방식은 크게 세 가지 유형이 있습니다. 첫 번째는 소크라테스식 교수법으로 학생들에게 질문하고 답을 듣고 다시 질문하는 형태로 논리의 전개를 만들어가는 방식이고, 두 번째는 학생들 상호간의 토론을 유도하는 토론식 수업 진행 방식이고, 세 번째는 전통적인 강의식 교수법입니다. 보통 수업 내용에 따라 세 가지 교수법을 적절하게 혼합하여 진행합니다.

제 수업은 모두 80명 이상의 대규모 강의이기 때문에 소크라테스식 교수법이나 토론식 수업 진행을 하는 경우 집중하지 못하거나 소외되는 학생들이 다수 존재할 수 있습니다. 따라서 가능하면 지속적으로 학생들이 모두 집중할 수 있도록 강의식 교수법을 중간중간에 혼합하여 수업을 진행합니다. 그리고 강의식 수업이 지루해질 때쯤 토론이나 질문으로 다시 한 번 학생들이 수업에 참여할 수 있도록 하고 있습니다.

대형 강의에서 학생들의 집중을 끌어내기 위해서는 다양한 시도들이 필요합니다. 저는 특히 소크라티브 앱이라는 스마트폰 애플리케이션의 퀴즈, 문답 등을 이용하여 실시간으로 빠르게 학생들의 의견을 수렴하고 가능한 많은 학생이 자신의 의견을 표현할 수 있도록 하고 있습니다.

교수법이란 강의를 효율적으로 진행하기 위해 반드시 갖춰야 하고 고민해야 하는 중요한 요소이지만 더 중요한 것은 무엇을 가르치느냐의 문제라고 생각합니다. 아무리 좋은

수업 방식과 모델이 있어도 그 내용이 학생들 스스로 필요를 느끼지 못하거나 집중을 할 수 있을 만큼의 의미를 갖지 못하다면 결국 좋은 수업이 될 수 없다고 생각합니다. 그래서 저는 다양한 교수법의 시도만큼 양질의 강의 콘텐츠를 통해서 학생들의 집중을 끌어내고자 하고 있습니다.

● 여기서 잠깐! ●

스마트 디바이스를 활용한 쌍방향 교수법

수업 중 학생들의 응답을 실시간으로 확인할 수 있는 프로그램 소개

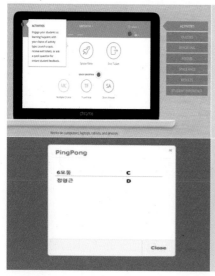

소크라티브: http://socrative.com/

주요 기능: 서답형, 5지선다, 2지선다(true false) 응답가능, 직접 교수자가 온라인에서 문제를 작성하여 활용가능함. 서답형 응답을 놓고 학생들이 투표할 수 있으며, 학생들의 화면에 질문까지 표시하여 제시할 수 있음.

핑퐁: http://gogopp.com/

주요 기능: 5지, 4지선다, OX 응답가능, 텍스트 보내기와 이미지 보내기 기능, 에버노트와 연동하여 활용가능.

한국어 서비스가 되며 학생들의 응답에 대해 누가 어떤 응답을 했는지 확인가능함. 막대그래프와 원그래프로 확인할 수 있음.

법 관련 개념을 설명할 때 학생들을 쉽게 이해시킬 수 있는 노하우가 있으신가요?

법학은 개념들의 논리적, 체계적 구성으로 이뤄진 학문이라고도 할 수 있습니다. 정확한 개념 설정 없이 법적 사유라는 것을 전개하는 것 자체가 불가능합니다. 따라서 개념 설명은 제 강의의 가장 중요한 부분이면서 동시에 가장 많은 내용을 차지하기도 합니다.

저는 개념을 설명할 때 무엇보다 먼저 그 개념이 왜 필요한지를 설명합니다. 그 개념의 쓰임을 정확하게 인식해야 개념 설정도 명확할 수 있기 때문입니다. 법 개념을 설명한다는 것은 매우 어려운 일입니다. 하지만 법에 대한 개념을 설정하지 못한다면, 구체적 사례를 볼 때 관련된 법이 무엇인가에 대한 답을 하기가 어렵습니다. 저는 구체적인 사례를 제시하고 그 사례에서 나온 법적인 결론의 차이를 결국 법 개념 설정의 차이로 설명하곤 합니다. 이를 통해서 학생들이 법 개념이 왜 중요한지를 인식하고 각자의 입장에 따라 명료한 법 개념을 형성하는 것을 도와줍니다.

저는 개념 자체를 스스로 그리고 함께 만들 수 있도록 돕는 것이 중요하다고 생각합니다. 학문적 개념의 엄밀성이라는 측면도 존재하지만 결국 사회과학적 개념들은 우리의 언어생활과 분리될 수 없는 것이고, 만약 화용론적 언어의 의미와 학문적 개념이 큰 격차를 갖고 있다면 그 개념을 화용론적 언어와 일치시킬 필요가 있다고 생각합니다. 이런 관점에서 저는 개념을 스스로 그리고 함께 형성할 수 있도록 유도합니다. 법률가들이 시민들의 언어와는 괴리된 법적 개념과 언어를 사용하면서 지적 우위를 만들려고 하는 태도는 이제 더 이상 견지될 수 없는 태도입니다. 제 강의실에서는 학생들이 엘리트 법학이 아닌 시민들을 위한 법학을 공부하고 이를 삶 속에서 실천할 수 있는 능력을 길러주기 위해 법에 대한 개념 설정부터 잘해 나갈 수 있도록 노력하고 있습니다.

'학생 존중과 의미 있는 배움'을 통해 함께 성장하는 교수 이승택 교수

약속은 지켜져야 한다Pacta Sunt Servanda

> ❝ 학생들과의 약속을 지키고,
>   강의의 최신성을 확보하기 위해 노력하고 있습니다. ❞

    법, 인권, 민주주의 등의 대상을 풀어가는 학문적 기반은 의사소통행위 이론이다. 서로 다른 인간이 하나의 공동체에서 조화롭게 살아가기 위해서 필수적인 조건은 서로 대화하는 것이고, 이러한 대화를 위해서 인격적 상호인정이 있어야 한다는 것은 강의 전반을 관통하는 기본적인 철학으로 하고 있다. 하지만 이러한 철학을 이론이나 강의로 설명하기 보다는 가능한 한 강의 속에서 실천적인 행위로 보여주어야 한다. 교육학에서는 '잠재적 교육과정latent curriculum'이라는 개념을 설명하면서 교사가 의도하지 않았음에도 학생들이 배우게 되는 학습결과에 주목하며 학교의 문화풍토와 교사의 인격적 감화의 중요성을 강조한다. '교사는 뒷모습으로도 가르친다.'는 말은 많은 교수자들을 반성하고 성찰하게 한다. 이승택 교수는 학생들의 이야기를 가능한 많이 듣고, 대화하고, 그 과정을 통해 함께 공유할 수 있는 지점을 찾아가는 수업의 구성을 통해 우리가 공동체의 갈등이나 이견 앞에서 어떻게 행동해야 하는지를 그려보려고 노력한다.

수업을 진행하시면서 가장 중요하게 생각하는 부분은 무엇인가요?

    수업을 진행하면서 가장 중요하게 생각하는 것을 한 가지 꼽으라면 학생과 약속을 지키는 것이라고 할 수 있습니다. 제 강의의 주된 내용이자 대상인 법은 공동체 구성원들이 함께 지키고자 만든 약속입니다. 법학에서 이에 관한 가장 중요한 법언은 "약속은 지켜져야 한다."는 말입니다. 법을 가르치는 사람이 스스로 '약속을 지켜야 한다.'는 가장 기본적인 법의 요청을 실천하지 않는다면 법을 제대로 가르치는 것이 아니라고 생각합니다.

    제 강의의 대상인 민주주의, 인권, 법 등은 실천하지 않는 책 속의 지식이 아니라 구체적 실천 행위를 통해서 발현되는 지식들입니다. 교수 스스로 실천하지 않으면서 학생들에게 실천을 말하는 것은 그야말로 이율배반적인 행동일 것입니다. 그래서 저는 수업 진행에 있어서 학생들과 사전에 합의한 내용을 반드시 지키고자 합니다. 예를 들어 수업의 시작과 마침을 정확하게 지키려고 노력합니다. 특히 수업 시작 시간의 경우 학생들에게는 지각이라고 감점을 하면서 교수 스스로 시작 시간을 지키지 않는 것은 매우 모순적인 행위라고 생각합니다. 그래서 시작 시간 전에 미리 강의실에 도착해서 준비하고 정확한 시간에 시작하는 것을 꼭 지키려고 노력합니다.

또한 이렇게 학생들과 약속을 지키는 것은 학생과의 신뢰 형성에 첫 걸음입니다. 학생이 교수를 신뢰할 때 교수의 교육에 대한 신뢰도 함께 형성될 수 있다고 생각합니다. 그래서 저는 학생과의 약속을 지키는 것을 수업 진행의 가장 중요한 원칙으로 삼고 있습니다.

제 수업은 사회과학이라는 학문의 성질상 지금 우리 공동체 안에서 실제로 일어나고 있는 사례들을 대상으로 합니다. 그래서 가장 많이 사용하는 수업자료는 뉴스입니다. 저는 늘 뉴스를 보면서 그 사례들을 수업에 어떻게 활용할까 고민하고, 적합한 자료가 있으면 그 자리에서 스크랩해두는 것을 습관화하고 있습니다. 그래서 매 학기 수업에 새로운 뉴스와 사례들을 제공하여 강의의 최신성을 확보하고자 노력하고 있습니다. 무엇보다 중요한 것은 수업 준비를 일상화하여 사례를 수집하는 것이라고 생각합니다.

평가는 어떻게 진행하고, 평가결과는 어떻게 공유하시는지요?

대학에서 시험이라고 하는 것은 크게 세 가지 의미를 갖는다고 할 수 있습니다. 첫 번째는 많은 학생들이 가장 중요하게 여기는 객관적 평가로서의 의미입니다. 객관적 평가로서의 의미는 수업을 통해서 얻은 성취를 객관적으로 측정하여 학업 성취의 우수성을 평가하는 것을 의미합니다. 두 번째는 학생 스스로 자신이 배우고 익힌 내용을 스스로 정리하고 평가하는 주관적 평가로서의 의미입니다. 이것은 시험을 다른 사람과의 경쟁이라고 생각하는 것이 아니라 자기 스스로 얻은 것을 정리하고, 평가해보는 계기로 삼아서 보완해야 할 지점과 현재까지 이뤄낸 이해의 정도를 함께 확인하는 과정으로서 시험에 대한 인식을 의미합니다. 세 번째는 의사소통적 의미입니다. 교수는 그동안의 수업을 통해 얻었어야 할 중요한 내용에 대한 의문을 던지고 학생은 이에 관해 답을 하는 과정으로서 시험은 하나의 의사소통 과정이라고 할 수 있습니다. 그리고 특히 시험은 주로 교수자의 발화를 중심으로 한 강의가 역전되어 학생들이 그동안의 수업을 통해 어떤 이해를 형성했는지를 교수에게 표현하는 과정입니다. 따라서 교수는 시험을 통해 자신의 강의를 점검하고 충분히 전달되지 못한 지점을 찾을 수 있습니다.

저는 이런 시험이 갖춰야 할 여러 측면들을 함께 고려하여 평가를 구성하고자 합니다. 즉, 평가가 단순히 성적을 부여하기 위한 의미만이 아니라 주관적이고, 의사소통적인 기능을 갖출 수 있도록 오랜 시간 고민하여 출제하고 있습니다. 평가는 교육을 만들어가는 매우 중요한 요소입니다. 그리고 교수자가 어떤 평가 방식을 갖느냐는 학생들이 무엇을 어떻게 공부하도록 만드는가를 결정하는 요소라고 할 수 있습니다. 이런 점에서 매 학기 수업 전반에 걸친 핵심적인 질문들을 고루 출제하여 평가하고 있습니다.

좋은 수업이란 '좋은 질문'과 '성장'이 있는 수업이다

교수님에게 '좋은 수업'이란 어떤 것입니까?

좋은 수업이란 매우 상대적인 개념인 것 같습니다. 학생들마다 서로 다른 좋은 수업의 기준이 있을 것이고, 교수님들도 마찬가지일 것 같습니다. 우선 제가 목표로 하는 강의의 핵심적 지표는 크게 세 가지입니다. 첫 번째는 학생 중심 수업입니다. 대학 강의는 기본적으로 학생과 교수 사이의 의사소통으로 이뤄집니다. 하지만 주된 발화자이며, 의제를 설정하는 사람은 교수입니다. 만일 교수가 학생이 원하는 것을 고민하고 추구하지 않는다면 그 강의는 일방적으로 교수 자신을 위한 행위가 될 가능성이 높습니다. 따라서 저는 기본적으로 학생들이 무엇을 배우고자 하는가에 초점을 맞추고, 그것을 중심으로 이 수업을 통해 학생들이 얻을 수 있는 지식과 역량을 설정하고자 노력합니다. 물론 여기서 고민은 학생들의 각기 다른 수준과 수요입니다. 이때 저는 가능한 중첩적인 합의가 이뤄질 수 있는 영역에 좀 더 많은 비중을 두고 수업을 설계하고 있습니다. 또한 이러한 학생 중심 수업이 이뤄지기 위해서 열린 태도로 학생과 소통하려고 노력하고 있습니다. 그리고 학생 중심 수업의 또 다른 함의는 학생과 교수자가 공동 탐구자로서 대상을 함께 고민하는 데 있습니다. 교수가 모든 해답을 가지고 일방향적으로 전수하는 것이 아닌 학생과 함께 의견을 공유하고 새로운 결론과 연속되는 의문들을 형성해나가는 수업이 또한 학생 중심 수업이라고 생각합니다. 하지만 이러한 측면은 저 역시 매우 미진한 측면이 있어서 앞으로 좀 더 함께 탐구하는 형태의 수업을 만들고자 노력하고 있습니다.

두 번째는 질문을 던지는 수업입니다. 우리 학생들은 오랜 기간 정답을 학습해왔습니다. 하지만 우리 인류가 지금까지 오랜 역사 동안 탐구해온 사회과학이라는 영역에 정답이라고 할 수 있는 것은 거의 없습니다. 그리고 강의실에서 교수자의 의견을 정답이라고 학습하는 것은 하나의 완성된 인격체로 스스로 사유할 수 있는 역량을 길러야 하는 대학이라는 공간에 부합하지 않는다고 생각합니다. 그래서 제가 생각하는 대학의 강의는 끊임없이 학생들에게 질문을 던지는 수업입니다. 그리고 그 질문을 스스로 해결할 수 있는 방법과 길을 함께 모색해가는 수업이 제게 있어서 매우 중요한 좋은 수업의 표지입니다. 물론 이렇게 질문을 던지는 수업은 많이 있습니다. 중요한 것은 좋은 질문입니다. 더 깊은 고민과 사색을 불러올 수 있는 좋은 질문을 던지는 것이야말로 좋은 수업의 척도라고 생각합니다. 아마 매 학기 제 수업이 조금씩 좋아지고 있는 부분을 꼽으라면 여러 질문들을 던지고, 학생과 함께 고민해보면서 더 좋은 질문으로 나아가고 있기 때문이라고 생각합니다.

　　세 번째는 학문적 사색과 통찰의 깊이를 갖춘 수업입니다. 이 지표는 여전히 전혀 도달하지 못하고 있는 부분이지만 제가 생각하는 좋은 수업 혹은 이상적 수업에 있어서 가장 중요한 지표이기도 합니다. 대학 시절 가장 인상 깊은 수업이자 저를 학자의 길로 이끌어준 수업은 법제사, 특히 로마법의 대가이신 조규창 선생님의 수업이었습니다. 당시 선생님께서는 정년을 앞둔 마지막 학기 수업이셨는데, 그 수업은 선생님의 말씀을 그대로 옮겨 적으면 논문이 되고, 책이 되는 수업이었습니다. 엄밀한 개념과 언어 사용, 평생을 로마법을 연구한 학자의 방대하면서도 깊이 있는 지식과 사색은 수업을 들을 때마다 가슴을 두근거리게 했습니다. 고대부터 현대에 이르는 과정에서 제기된 법의 근원에 대한 수많은 의문을 당신의 관점에서 정밀하면서도 과감하게 풀어내시는 선생님의 강의는 언젠가 제가 한번쯤 꼭 해보고 싶은 강의의 이상이었습니다. 여전히 연구자로서 일천하고 부족하여 매 수업의 주제를 풀어가는 것에 급급하고 있지만 결국 교수자에게 있어서 가장 중요한 것은 자신의 연구에 대한 열정과 깊이라는 것을 그 수업을 떠올리며 되새기고 있습니다.

> 66 학생들이 가지고 있는 상식에 도전하는
> 　　　　질문은 흥미를 유발합니다. 99

학생들이 효과적으로 법을 공부하기 위해서는 어떤 것들이 필요하다고 생각하십니까?

　　　　　　　　　　　민주주의, 인권, 법과 같은 제 강의의 대상과 내용은 상당히 추상적인 경우가 많습니다. 그래서 추상적인 개념들을 나열하다 보면 학생들이 집중하지 못하는 경우가 많이 있습니다. 이런 추상성을 회피하기 위하여 저는 가능한 현실적인 사례를 제시하고 함께 풀어갑니다. 지금 당면한 우리 사회의 실제 과제들을 대상으로 학생들과 토론을 하다보면 학생들이 좀 더 수업에 집중할 수 있습니다.

또 다른 방법은 학생들이 가지고 있는 상식에 도전하는 질문을 던지는 것입니다. 예를 들어 법이란 무엇을 위해 존재하는가를 묻고 학생들이 하나씩 자신의 생각을 말하면 그것을 논리적으로 반박하여 그동안 학생들 각각이 가지고 있었던 상식을 흔들어보곤 합니다. 물론 이러한 방법은 학생을 혼란스럽게 할 수도 있지만 늘 정답이라고 생각하는 범주에 머무르지 않고 학생 스스로 새로운 관점과 견해를 구축하도록 시도하는 방식입니다.

저는 강의 시간에 강의 주제와 관련 없는 이야기는 일체 하지 않는 것을 원칙으로 합니다. 그래서 강의 주제 자체가 흥미를 이끌어내지 못하는 경우에는 학생들이 지루해할 수 있습니다. 모든 수업의 주제가 흥미를 가질 수 있다면 좋겠지만 그렇지 못한 경우도 있기 때문에 저도 고민을 합니다. 하지만 그렇다고 흥미를 이끌어내기 위해 주제를 벗어나는 이야기를 하는 것보다는 제 스스로 강의에 더 집중하고자 합니다. 교수자 스스로 강의에 집중하는 것이 학생들의 집중을 이끌어내는 가장 좋은 방법이지 않을까 생각합니다.

❝TV 시청하는 것처럼 강의를 보고 듣는 것만으로는
어떤 성장도 할 수 없다고 생각합니다.❞

교수님께서는 학생들의 동기부여나 역량향상을 위해 어떤 부분을 신경쓰고 계신가요?

학생들이 스스로 학습하는 역량을 키우기 위해서 무엇보다 스스로 왜 공부를 해야 하는지를 느껴야 합니다. 저는 모든 교과목의 첫 수업에서 왜 이 대상을 공부하고자 하는지를 묻고 제가 생각하는 이유들을 설명합니다. 결국 배움은 스스로의 의지가 가장 중요한 문제입니다. 하지만 동시에 학생들이 가지고 있는 전형적인 법이나 인권, 민주주의에 관한 생각이 아니라 좀 더 심층적인 혹은 도발적인 질문들로 학생들의 호기심과 학습에 관한 동기를 부여합니다.

그리고 학생들이 배움에 관한 의지를 가졌을 때 어떻게 역량을 키워야 하는가를 설명합니다. 제가 가장 강조하는 것은 말하기와 글쓰기입니다. 현재 대학생의 학습 방법은 주로 듣고 읽는 것입니다. 저는 보통 기타와 같은 악기를 비교해서 설명하는데, 기타를 잘 치기 위해서는 어떻게 해야 하는지를 묻습니다. 그럼 대부분의 학생들은 기타 연습을 떠올립니다. 그러면 학생들의 기타 연습은 어떻게 이뤄지고 있는가, 그것이 혹시 누군가의 기타 연주를 듣고 있거나, 기타 혹은 기타 연주에 관한 책들을 읽고만 있는 것은 아닌지를 다시 묻습니다. 법을 배우기 위해서는 기타 연습을 하듯이 법을 스스로 사유하고 표현해야 한다는 점을 강조합니다. 즉, 손가락에 굳은살이 생기도록 고통을 느끼며 코드를 잡는 연습을 해야 하듯이 학습도 홀로 고통스러운 연습의 시간을 보내야 한다고 말합니다. 그리고 수업에서 제기된 여러 물음들 중 하나씩만이라도 매주 자신의 글을 통해 정리해나간다면 어느 순간 스스로 법적 혹은 인권적 사유와 민주적 관점을 채득하게 될 것이라고 말합니다. 결국 제가 가장 강조하는 것은 TV 시청하는 것처럼 강의를 보고 듣는 것만으로는 어떤 성장도 할 수 없다는 것입니다.

교수님의 강의가 학생들에게 특별한 이유는 무엇인가요?

제 강의가 특별한 이유는 솔직히 잘 모르겠습니다. 저는 법대 재학 당시 선생님들에게 배운 것과 크게 다르지 않은 방식으로 강의하고 있습니다. 그래도 학생들의 평가에서 가장 많이 나오는 말 중에 하나는 열정적으로 강의한다는 말입니다. 저는 약속된 강의 시간 동안에 계획한 수업 내용을 전달하기 위해서 최선을 다하고 있습니다.

그렇지만 제 수업에도 자는 학생들, 지루해하며 다른 행동을 하는 학생들이 있습니다. 제 강의나 다른 학생들의 수강을 방해하지 않는다면, 특별히 학생들의 행동을 제지하거나 지적하지 않습니다. 이미 성인인 대학생들이 강의에 집중하지 못하거나 다른 행동들을 하는 가장 큰 책임은 교수자인 저 자신에게 있다고 생각하기 때문에 그들을 탓하기보다는 스스로 더욱 강의에 열중하려고 노력합니다.

또한 매 학기 시험을 보고 나서 채점을 하며 부족함을 항상 느끼고 있습니다. 제가 원하는 수준의 답안을 적은 학생들을 보고 있으면 뿌듯함을 느끼기도 하지만 동시에 다수의 학생

수업 중인 이승택 교수의 모습 ■■■

이 예상과는 다른 답안들 혹은 제가 의미한 것과는 다른 해석들을 하는 것을 보면 여전히 내용을 충분히 전달하지 못했다는 생각을 많이 합니다. 그러면서 다시 강의안을 교정하고 좀 더 구체적이고 정확한 예시를 찾기 위해서 노력합니다.

이제 제 강의경력이 만 10년 정도가 됩니다. 돌아보면 너무나 부끄러운 강의들이 많이 있었습니다. 하지만 그런 실수와 실패들을 겪으면서 조금씩 나아지고 있다고 생각합니다. 앞으로도 매너리즘에 빠지지 않고 매 학기 좀 더 나은 강의를 만들어가기 위해 노력하고 있습니다.

> 66 학생들에 대한 평가는 언제나 가장 어렵습니다.
> 그래서 가능하면 시험문제 출제 유형을 다양하게 구성합니다. 99

교수님은 학생들을 어떻게 평가하시나요?

상대평가로 이뤄진 현재의 성적 부여 체계에서 학생들의 차이가 크지 않지만 서로 다른 학점을 줘야 할 때가 있습니다. 이때 어느 선에서 다른 학점을 주어야 합리적인가를 판단하는 것은 매 학기 제게 가장 힘든 순간입니다. 매우 높거나 저조한 학생들의 학점을 주는 것은 어렵지 않지만 평균점에 밀집해 있는 학생이 많은 경우에 더 어렵습니다.

그래서 가능하면 일정한 학업 성취의 정도가 구별될 수 있도록 시험 문제의 출제 유형을 OX, 객관식, 단답형, 서술형 등으로 다변화하여 평가하고 있습니다. 하지만 그럼에도 결국 매우 근소한 차이로 학점이 갈리는 상황이 발생합니다. 아마도 이런 고민이 사라지기 위해서는 서로 조화되기 어려운 상대평가 기반 등급제가 아닌 절대평가 기반 등급제로의 전환을 함께 고민해봐야 한다고 생각합니다.

> ❝학생들의 변화와 성장의 모습을 보는 것은
> 가장 큰 즐거움이고 보람된 순간입니다. ❞

교수님께서 가장 보람되게 느껴지는 순간은 언제이십니까?

수업 시간에 제게 집중하면서 반짝이는 눈빛을 보내는 학생들을 볼 때, 한 학기를 마치고 서로에게 박수를 보내는 강의실에 서있을 때, 제게 배운 법적 지식으로 체불 임금을 당당히 요구하고 받아 온 학생의 감사 인사를 받을 때, 더 깊이 공부하고자 이 책 저 책을 뒤적이며 고민하다 심오한 질문을 던지는 학생이 찾아올 때, 던진 질문에 여러 학생들이 손을 들고 답하고자 할 때, 제게 보람을 주는 순간은 많이 있습니다.

몇몇 학생들은 제 수업을 좋아해 강의하는 5개의 수업을 모두 듣고 있습니다. 그런 학생들이 적어내는 답안지의 글들이 어느 순간 관점과 논리를 갖추고 자신의 분석과 견해를 제시할 때 그들의 성장과 가르치는 보람을 느낍니다.

━━━━ 이승택 교수의 수업에 참여한 학생들의 의견

"매 시간 얻어가는 게 정말 많은 수업이었습니다. 교수님 덕분에 인권의 개념, 평등과 차별을 명확히 알고 스스로의 주변 상황에 적용해 생각해보게 되었습니다. 정말 감사합니다."

"최고의 교수님, 최고의 수업, 이 강의를 듣고 주변에서 인권에 대하여 말을 하면 말 잘한다는 소리를 많이 들었습니다. 교수님 수업은 우리 대학교의 보물입니다."

"좁게만 볼 줄 알았던 편협한 생각에 대해 변화를 가지기에 아주 좋은 수업이었습니다."

"이번 강의를 통해 '차별'이라는 것이 무엇인지, 차별을 개선하기 위해서는 우리가 어떻게 행동해야 하는지에 대해 많이 배웠습니다. 늘 감사합니다."

"학생들에게 꼼꼼하게 가르치려는 열정이 대단하시고 4학기 동안 수강을 하면서 가장 인상 깊고 머리에 오래도록 기억에 남을만한 수업이었습니다. 지인들에게 추천해주고 싶습니다."

"민주주의에 대해 덩어리처럼 알고 있던 것을 자세하게 판판하게 펼쳐 준 느낌이었습니다."

"교수님께서 알려주신 내용들은 앞으로 제가 살아가면서 정말 도움이 되는 상식일 것 같습니다."

"법과 관련되어 어렵다는 선입견이 있었는데 전혀 그렇지 않도록 설명도 잘 해주시고 관련 자료도 보여주셔서 이해하기 좋았습니다. 예시를 들어서 설명해주는 게 특히 좋았습니다."

이승택 교수는 '잘 가르치는 교수는 어떤 사람인가'라는 질문에 대해 여전히 고민 중이며 자신은 어떤 교수의 모습을 하고 있는지 궁금하다고 응답한다. 자신의 수업을 되돌아보면 학생이 아닌 나 자신을 위한 강의를 하고 있는 것은 아닌지 반성하게 될 때도 있고, 한편으로는 학생들에게 설명하는 가운데 스스로 깨우치는 자신을 발견하기도 한다고 말한다. 학생을 존중하고, 가르치는 사람으로서 언행을 바르게 하고, 학생과의 약속을 잘 지키고, 더 깊게 사색하고 연구하여 교수자 나름의 관점을 가지면서도 학생들에게 유익하고 의미있는 수업을 하고 싶고 그렇게 되기 위하여 노력한다는 그의 답변 속에 '잘 가르치는 교수'의 원형이 충분히 들어 있는 것은 아닐까. 법에 대한 이론적 지식뿐 아니라 이를 통해 삶과 세상을 향한 문제의식을 충분히 공감하고 해결할 수 있도록 배우고 토론하는 이승택 교수의 수업을 통해 학생들은 오늘도 성장의 기쁨과 성찰의 자세를 배운다.

'학생 존중과 의미 있는 배움'을 통해 함께 성장하는 교수　이승택 교수

허

영

HUR
YOUNG

컬쳐팩토리 아트디렉트
프로젝트 2018 (콘텐츠 창의체험스쿨 지원사업 〈코딩아트 메이커 스쿨〉 외)
2014년 상명대학교 부임
(현) 예술대학 사진영상콘텐츠학과 교수
　　　첨단문화산업연구소 수석연구원

'학생과 함께 성장 스토리'를 만들어가는 교수

러시아의 문호 톨스토이는 안나 카레니나에서 다음과 같이 시작한다. '행복한 가정은 모두 비슷하다. 그러나 불행으로 가득 찬 가정은 모두 그 나름대로의 이유 때문에 불행하다.' 이 구절을 학교 현장으로 옮겨와 수업의 사태에 동일하게 적용해 볼 수 있다. 좋은 수업은 모두 비슷한 요소를 포함하고 있다. 우수강의로 선정되는 수업들의 특징에는 교수자와 학생 간의 학습목표에 대한 명확한 의사소통이 이루어지고 명료한 수업구조, 다양한 교수법이 활용된다. 또한 학생들의 적극적인 수업참여가 이루어지며 개별학습자의 확고한 성취기대가 만족되는 수업이다. 허영 교수의 수업에도 이러한 요소들이 골고루 포함되어 있다. 수업의 설계가 콘텐츠를 기획하고 제작하는 전문인력 양성에 기반하고 있고, 학생들은 이에 발맞춰 관습과 틀에 갇혀 있지 않고 언제나 발전가능성을 모색할 줄 아는 인재가 되기 위해 노력하는 모습을 보여주고 있다.

융합과 협업은 새로운 가치를 창조한다

❝ 좋은 수업은 교수 한 사람에 의해 만들어지는 것이 아니라
교수와 학생, 동료 교수들 간의
협업과 소통을 통해 만들어진다고 생각합니다. ❞

교수님께서 맡고 계신 수업들에 대해 간략하게 설명을 부탁드립니다.

제가 맡고 있는 수업은 1학년부터 4학년에 이르기까지 다양합니다. 수업들을 살펴보면 전공 기초, 발전, 심화 단계에 해당하는 교과목들로 구성되어 있습니다.

■■■■ 허영 교수의 교과목 구성

학년	전공 학습 단계	교과목	비고
1학년	전공기초	〈드로잉과 해부학〉, 〈창의적 사고법〉, 〈캐릭터콘텐츠 1, 2〉	4과목
2학년	전공발전	〈스토리보드〉, 〈표현기법〉, 〈스토리텔링2〉	3과목
3학년	전공심화	〈OSMU작품기획〉, 〈에듀테인먼트 1, 2〉	3과목
4학년	취업준비	〈에듀테인먼트 3〉, 〈포트폴리오〉	2과목

제가 담당하고 있는 1학년 수업들은 콘텐츠 제작에 필요한 기초조형 및 아트워크 능력과 창의적 발상법을 함양하는 전공기초 수업들로 구성되어 있습니다.

2학년 전공발전기에 해당하는 교과목들은 게임콘텐츠, 영상콘텐츠, 에듀테인먼트콘텐츠 분야에 공통적으로 필요한 비주얼스토리텔링과 인터랙티브스토리텔링 능력을 함양하는 공통교과목들입니다. 그리고 3학년 전공심화 단계에 해당하는 교과목들은 1~2학년에서 배운 내용을 바탕으로 출판 에듀테인먼트콘텐츠에 해당하는 다양한 그림책, 팝업북, 학습만화 등을 제작하고, 인터랙티브스토리텔링을 바탕으로 애플리케이션 등을 제작하는 디지털 에듀테인먼트콘텐츠를 학습합니다. 이러한 경험들을 바탕으로 졸업 작품을 기획하게 됩니다.

마지막 4학년 취업준비 단계에는 에듀테인먼트 분야의 졸업 작품을 완성하고 이를 포트폴리오로 준비해서 취업을 준비하는 과정입니다. 즉, 전공기초, 발전, 심화, 취업 단

계까지 코스워크가 이루어진 교과목들을 담당하고 있으며, 학생들이 저학년부터 고학년으로 성장해 나가는 과정을 옆에서 도울 수 있게 구성되어 있습니다.

제 수업을 수강하는 학생들은 졸업 작품과 관련된 교과목 이외에도 다양한 학과의 학생들이 수강하는 편입니다. 좀 더 면밀히 살펴보면 우리 학과 학생들이 주축을 이루지만, 그 외에 연계전공, 다전공, 부전공을 하는 학생들과 콘텐츠 분야에 관심 있는 타 과 학생들로 다양하게 구성되어 있습니다.

교수님께서는 어떤 학생들을 양성하고자 노력하시나요?

디지털콘텐츠학과는 4차 산업혁명의 핵심적인 디지털콘텐츠 분야의 창의융합인재를 양성하기 위해 노력하고 있습니다. 이를 위해 인문학적 소양을 갖춘 콘텐츠 기획력과 예술적 소양을 바탕으로 한 콘텐츠 제작능력, 그리고 콘텐츠를 웹 & 모바일 디바이스에 구현할 수 있는 IT적 소양을 중요시하고 학생들을 교육시키고 있습니다.

따라서 저는 평소 학생들에게 전문지식을 전달하는 것도 중요하지만, 콘텐츠를 기획하고 제작하는 전문 인력으로서 편협된 사고를 지양하게 하고 다양성과 새로운 것에 대해 열려있는 사고와 마음가짐을 가지는 것이 중요하다고 가르치고 있습니다. 수업 전 과정에서 교수자와 학생이 교류하며 학생 간에도 팀을 구성하여 혹은 전체 교실을 대상으로 토의와 토론이 활발하게 이루어질 수 있도록 수업을 구성하고 있습니다.

그리고 좋은 수업은 교수 한 사람에 의해 만들어지는 것이 아니라 교수들 간의 협업과 소통을 통해 만들어진다고 생각합니다. 학습자에 대한 정보 공유와 수업 내용들의 유기적인 연결 등을 통해 학생들에게 보다 좋은 학습권을 제공할 수 있도록 해야 합니다. 우리 학과의 경우에는 학생들에 대한 정보공유와 수업을 연계하고 보다 나은 커리큘럼을 위해 교·강사들이 정기적이고 지속적인 모임을 진행하고 있습니다.

━━━ 허영 교수의 인터뷰 모습

프로젝트 기반 수업설계의 중요성

> ❝프로젝트가 끝날 때에는 항상 가시적인 결과물들이 도출될 수 있도록
> 합니다. 이를 통해 학생들이 성취감과 자신감을 가질 수 있습니다. ❞

교수님의 수업의 특징은 무엇이라고 생각하시나요? 그리고 수업을 위해 특별히 애쓰시는 부분은 무엇입니까?

우리 학과는 산업친화적인 실무형 학과이기 때문에 단순 강의식 수업방식은 교수학습의 효율성이 떨어진다고 생각합니다. 학생들이 새롭고 다양한 콘텐츠를 제작해야 하기 때문에 수업은 거의 프로젝트 중심으로 진행됩니다. 그래서 한 학기 동안 진행된 프로젝트가 끝날 때에는 항상 가시적인 결과물들이 도출될 수 있습니다. 이를 통해 학생들이 성취감과 자신감을 가질 수 있습니다. 제시된 예시들은 모두 학생들과 같이 만들어낸 결과물들로서 출판물로는 캐릭터를 기획하고 디자인 한 캐릭터 매뉴얼 북, 아동들을 위한 창작 그림책과 학습만화 등이 있으며, 디지털로 개발된 결과물들은 교육용 애플리케이션으로 모바일 플랫폼에서 구동되도록 개발되었습니다. 이처럼 완성된 결과물들을 통해 학생들이 다양한 경험들을 가지게 하는 것이 중요하다고 봅니다.

실무 중심의 교육과 프로젝트 중심의 수업으로 진행되다 보니, 학생들이 직접 콘텐츠를 기획하고 제작하는 과정을 보다 많이 경험하게 됩니다. 콘텐츠를 기획하고 제작하는 여러 과정을 학생들이 직접 체험하게 하고 그 과정에서 생기는 다양한 문제들을 스스로 해결하는 과정에서 당초 의도했던 대로 이루어지지 않는 실패 경험도 중요하다고 생각합니다. 이러한 경험들을 통해 트렌드를 파악하고 수집한 정보나 전략의 잘못된 부분은 미리 발견하고 수정할 수 있는 안목을 키울 수 있다고 생각합니다.

━━━ 캐릭터콘텐츠 2, 에듀테인먼트콘텐츠 1 수업의 결과물 예시: 캐릭터 매뉴얼북과 그림책

━━━ 에듀테인먼트콘텐츠 3 수업의 결과물 예시: 교육용 애플리케이션

학년에 따라서 진행하는 프로젝트의 유형도 달라지는데 저학년의 경우에는 단기 프로젝트를 통해 학습할 수 있도록 하고, 학년이 올라갈수록 중장기 프로젝트로 수업 방식이 변하게 됩니다.

저학년의 경우에는 기초적인 실기이론을 습득하고 이를 바탕으로 자신의 아이디어를 시각화하고 조형적으로 완성하는 연습을 많이 할 수 있도록 단기 프로젝트로 수업이 진행됩니다. 그리고 실기이론을 체화할 수 있도록 개인 프로젝트 중심으로 진행이 됩니다.

학년이 올라갈수록 중장기 프로젝트 중심으로 수업이 전환되는데 자신의 기획안을 끝까지 완성하여 하나의 결과물들을 도출할 수 있도록 합니다. 이렇게 해서 학생들이 한 학기 동안 콘텐츠들을 완성하는 습관을 기를 수 있도록 합니다.

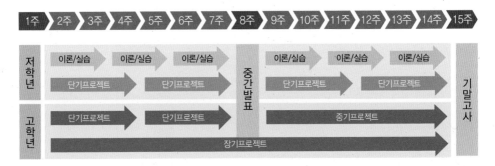

프로젝트 중심의 수업모형

제가 하는 수업들은 모두 실기수업으로 3시간이며, 1시간 이론과 2시간 실습을 기본 토대로 구성하고 있습니다. 여기에 교과마다 특수성을 고려하여 탄력적으로 토론과 발표가 같이 진행되기도 합니다.

사례와 이미지를 사용한 스토리텔링 수업하기

❝수업과 관련된 콘텐츠 분야의 다양한 야사를 통해 보다
생동감 있게 학생들에게 정보를 제공하고 흥미를 유발시켜 줍니다❞

콘텐츠 개발 및 수업진행 과정에서 중요하게 여기시는 부분은 무엇입니까?

수업시간에 실무와 관련된 개념이나 실기와 관련된 용어를 설명할 때에는 최대한 쉬운 단어를 사용하고 개념과 관련된 예시들을 많이 찾아서 보여주는 편입니다. 그렇게 해서 언어와 이미지를 동시에 보여줌으로써 보다 명확하게 이해할 수 있도록 합니다.

수업에서 사용하는 자료들은 주로 특별히 한 가지 교재를 사용하지 않고 다양하게 참고해서 수업자료를 만들어 사용하고 있습니다. 아무래도 콘텐츠와 관련된 내용들이다 보니 관련 산업의 동향과 성공사례 등을 중심으로 수업자료를 만들고 있습니다. 특히 해외동향과 관련된 내용은 특별히 많이 보여주려고 노력하고 있습니다. 그리고 학생들이 프로젝트를 진행하면서 주제와 관련된 내용들을 서로 공유할 수 있도록 하여 수업자료의 다양성을 확보하고 있습니다. 결국 프로젝트 중심이므로 학생들 스스로 정보를 찾게 하는 것 역시 중요하다고 봅니다.

그리고 학생들의 흥미를 유발할 수 있는 방식은 주로 콘텐츠 개발과 관련된 다양한 뒷이야기들을 많이 해주는 것입니다. 예를 들어 '뽀로로 작명의 뒷이야기', '왜 펭귄을 캐릭터로 디자인했을까', '방귀대장 뿡뿡이의 뒷이야기', '엽기토끼와 관련된 계약이야기' 등 수업과 관련된 콘텐츠 분야의 다양한 야사를 통해 보다 생동감 있게 학생들에게 정보를 제공하고 흥미를 유발시켜 줍니다. 교수님들이 수업자료들을 준비하는데 시간과 노력을 많이 쓰고 계실 텐데요. 한 가지 팁을 드리자면 우리 학과의 경우 유기적인 수업시스템이 도움이 되었다고 생각합니다. 학과에서 정기적으로 교강사 모임을 운영하고 있으며, 강의에 필요한 자료들을 서로 연구하고 공유하고 있기 때문에 보다 풍성한 강의 자료를 만들 수 있는 것 같습니다. 또한 교수님들이 서로서로 학생들에 대한 관심과 상황, 수업의 진행도 등을 서로 공유하고 협업한 것이 많은 도움이 되고 CTL 교수연구모임 지원도 교수법 연구에 도움이 되었다고 생각합니다.

'학생과 함께 성장 스토리'를 만들어가는 교수   허 영 교수

또래 평가를 통한 안목 키우기

❝ 학생들이 자신의 결과물들을 서로 공유하고
　　평가하게 함으로써 자신들의 콘텐츠의 장·단점을 알게 하고
　　　　　　작품을 해석하는 능력을 키우게 합니다. ❞

프로젝트형 수업을 진행하시면서 상대평가를 진행하기에 어려움은 없으신지요?

　　　　　　　　　　　　　　　　　　저는 특별히 시험을 보지 않습니다. 수업 자체가 주로 프로젝트로 진행되다 보니 프로젝트 결과물들로 평가를 하게 됩니다. 그리고 프로젝트가 진행되는 동안은 개별체크를 통해서 개인 또는 팀에게 필요한 피드백들을 수시로 전달합니다. 그리고 학생들이 부족하다고 생각하면 수업시간 이외에도 연구실로 찾아오거나 언제든지 메신저로 질문을 하고 피드백을 받습니다. 평소 학생들과 자주 대화를 해서 그런지 학생들과 편하게 메신저를 주고받는 편입니다.

　　보통 평가결과는 프로젝트가 끝날 때 다같이 평가하는 시간을 가집니다. 저학년의 경우에는 다른 학우들의 작품들 중에서 잘된 작품들을 투표하게 하여 왜 투표를 했는지 서로 토론하고 자연스럽게 작품을 해석하는 능력을 키우게 합니다. 그리고 영상으로 제작되는 콘텐츠들은 상영회를 가져 서로 감상하게 하고 토론을 하게 합니다. 이처럼 학생들이 자신들의 결과물들을 서로 공유하고 평가하게 함으로써 자신들 콘텐츠의 장단점을 알 수 있게 합니다. 그리고 학생들의 평가결과를 토대로 제가 또 다른 피드백을 제공해줌으로써 학생들에게 공정한 평가가 이루어지고 명확하게 자신들의 학점을 알 수 있도록 합니다. 끝으로 모든 결과물들은 학과 전시회를 통해 다른 학년들과 공유할 수 있도록 합니다.

　　팀 프로젝트는 학생들이 대부분 기피하는 작업 중 하나라고 봅니다. 그만큼 팀원들 때문에 많은 불화가 생기기 때문입니다. 그럼에도 불구하고 저는 팀 프로젝트를 많이 진행하는 편인데 콘텐츠를 개발하는 산업현장은 팀 작업으로 진행하기 때문에 학교에서부터 팀 프로젝트를 연습할 수 있도록 하는 것입니다.

　　그래서 산업현장의 작업 방식에 대해 사례를 들어주고 팀 작업의 중요성과 당위성을

어필합니다. 그리고 팀원들 간의 소통을 중요하게 여겨 작업노트와 보고서를 통해 역할 분담과 각자의 진행사항을 매주 e-Campus에 업로드 할 수 있도록 합니다. 이를 통해 팀원들의 진행사항을 파악하고 부진한 학생들의 원인을 파악하고 해결해 주거나 평가에 반영해 줍니다. 따라서 팀 프로젝트라도 팀원들 간의 평가가 다르므로, 노력한 학생들에게 그 만큼의 보상을 확실히 해줄 수 있도록 합니다.

학생들과 소통하고 참여를 유도하는 노하우를 듣고 싶습니다.

학생들과 소통하는 법은 언제나 어려운 것 같습니다. 그래서 교수학습개발센터에서 하는 다양한 특강들을 열심히 듣고 적용도 해보고 요즘 트렌드를 같이 이야기하기도 하며 나름대로의 노력을 하고 있습니다. 물론 콘텐츠를 개발하는 학과이다 보니 요즘 학생들이 좋아하는 게임, 웹툰, 애니메이션 등에 대해서 보다 소통이 편하기는 하지만 그래도 교수라는 위치는 학생들에게 조금은 불편한 존재인건 어쩔 수 없나 봅니다.

그럼에도 불구하고 저는 평소 수업 외에도 학생들과 많은 시간을 소통하는 데 할애를 하고 특히 인사를 반갑게 받도록 노력하며 꼭 이름을 불러주려고 노력합니다. 어떻게든 학생들의 이름을 불러줘서 관심과 애정을 표현하려고 합니다. 이렇게 학생들에게 다가가고자 노력하니 조금 더 편하게 소통을 할 수 있는 것 같습니다. 그래도 학생들과의 소통은 여전히 어려운 것이 사실입니다.

제 수업의 대부분이 프로젝트 중심의 수업이다 보니 프로젝트 중반에 이르면 학생들의 집중도가 많이 떨어지기도 합니다. 그럴 때 좀 더 목표의식을 고취시키고자 결과물들을 공모전과 연계하여 다양하게 활용할 수 있는 방법들을 제시합니다. 즉, 지역문화원형을 콘텐츠로 개발하는 프로젝트는 지역사회와 연계할 수 있도록 하거나, 기능성 게임을 개발하는 팀은 진흥원의 공모전과 연계하고, 스토리가 우수한 프로젝트는 시나리오 공모전으로 연계할 수 있도록 하여 다양한 결과를 얻을 수 있도록 했으며, 학생들이 만족할 만한 결과들을 도출하였습니다. 이와 같은 성공사례들을 통해 학생들에게 보다 집중하는 계기를 제공해 줍니다.

학생들이 지루해하거나 집중도가 흐트러질 때는 현업의 다양한 이야기들을 해줌으로써 분위기를 전환합니다. 콘텐츠 개발과 관련된 다양한 에피소드들을 통해 또 다른 정보들을 제공해줍니다. 그리고 실기 위주의 수업이다 보니 자유롭게 음악을 듣게 해줍니다. 물론 팀 회의시간이나 토론시간에는 안되지만 개별 작업시간에는 자유로운 분위기를 연출하고자 하는 편입니다. 너무 딱딱한 수업 분위기는 콘텐츠를 개발하는 학생들에게는 좋지 않다고 생각하기 때문입니다.

요즘 학생들의 자기주도학습 역량을 키우기 위한 다양한 노력들이 시도되고 있습니다. 과제를 완성할 엄두를 못 내거나 미리 포기하는 학생들은 없나요?

프로젝트를 진행하다 보면 학생들은 수많은 문제들과 마주하게 됩니다. 이때 대부분의 학생들은 문제가 생긴 기획안을 버리고 새로운 기획안을 가지고 다시 옵니다. 이는 문제를 회피하는 방식으로 문제를 해결하고자 하는 좋지 못한 습관이라 생각합니다. 따라서 학생들의 이런 방식을 지양하게 하고 끝까지 집중하여 자신들의 아이디어를 콘텐츠로 개발할 수 있도록 독려합니다. 또한 학생들에게 발생한 문제를 해결할 수 있도록 여러 사례를 제시해줌으로써 학생들이 스스로 그 문제의 해결점을 찾을 수 있게 합니다. 이런 과정을 통해 학생들이 스스로 자기 주도적인 학습을 할 수 있도록 합니다.

그리고 프로젝트를 진행할 때 저는 학생들에게 자율도를 많이 줍니다. 그래서 제 수업에서는 '교수님 이거 해도 돼요?'라는 자체 검열을 하지 못하게 합니다. 이는 학생들의 사고를 보다 탄력적으로 할 수 있게 도와준다고 생각합니다. 또한 높은 자율도는 학생들이 기획하고 싶은 소재를 찾도록 하여 학생들 스스로 재미를 느낄 수 있도록 합니다. 이는 자신들이 개발하는 콘텐츠 자체가 스스로 재미가 있어야 신명나게 학습할 수 있어 자연스럽게 자기주도학습역량을 높이는 데 중요한 요소라고 봅니다.

수업을 하면서 어려웠던 순간이 있다면 언제인가요?

아무 반응이 없는 수업들이 매번 힘들었던 것 같습니다. 마치 벽과 같은 학생들을 보고 있으면 어떻게 해야 할지 매번 고민에 휩싸이게 됩니다. 결국 벽을 허무는 것도 저의 역할이기에 어떻게든 방법을 찾아야 하겠죠. 그래서 더욱 강의 준비를 많이 하고 열성적으로 하려고 노력했습니다. 수업이 거듭날수록 서서히 벽이 허물어지고 눈빛이 달라지는 것을 느끼면 그 순간 많은 보람을 느낍니다.

초창기 수업에서 소통의 기술과 중요성을 깨닫게 된 적이 있습니다. 그 당시 수업결과물로 개발될 콘텐츠를 어떻게 활용하면 학생들에게 도움이 될까 고민을 하다 학기 중에 공모전 일정에 맞춰 수업계획을 수정하고 진행을 하였습니다. 당시 학생들은 별다른 이의제기 없이 잘 따라와 주었으며, 좋은 성과도 거두었습니다. 그러나 막상 강의평가는 좋지 못했습니다. 학생들과 개인면담을 통해 그 이유를 알아보니 수업계획을 중간에 수정하고 그 과정에서 학생들과 충분한 소통을 하지 못한 것 등이 문제였습니다. 결국 학생들의 학습권을 보장해주지 못한 결과였습니다. 이후 학생들과 수업 관련해 많은 소통을 하고자 노력하였으며, 이를 반영하고자 노력하고 있습니다.

교수는 학생들에게 전문지식을 전달하는 것도 중요하지만, 학생 스스로 문제를 해결할 수 있도록 하는 것이 중요하다고 생각합니다. 그러기 위해서 다양한 조언과 방향 제시를 통해 학생들이 스스로 답을 찾을 수 있도록 하는 것입니다. 잘 가르치는 교수가 되기 위해서는 지식 전달자가 아닌 조언가, 코치와 같은 존재가 되어야 한다고 생각합니다. 앞으로도 열심히 소통하고 함께 성장하는 교수가 되도록 노력하겠습니다.

▬▬▬ 허영 교수의 수업에 참여한 학생들의 의견

"커리큘럼이 흥미로웠던 수업입니다. 만족스러웠습니다."

"다른 강의들과는 다르게 창의적으로 접근해서 새로웠습니다."

"자유로운 수업분위기가 좋았습니다."

"힘든 전공수업 중 유일하게 힐링되는 수업이었습니다. 한 학기동안 수고하셨어요."

"과제가 너무 많지만 재미있었어요. 도움이 많이 되었습니다."

"교수님이 학생들에게 피드백을 열심히 해주셔서 실력향상에 도움이 되었습니다."

"그림에 흥미를 느끼게 해주셨습니다. 감사합니다!"

"교수님께서 해주신 칭찬과 격려가 기억에 남습니다 감사합니다!"

"잘 못해도 교수님께서 차근차근 지도해주셔서 포기하지 않을 수 있었습니다."

허영 교수의 교과목들은 새롭고 융합적인 주제와 내용을 다루고 있다. 수업운영이나 평가방식도 전통적인 교수 형태이기보다는 학습자 중심의 선도적 교수법을 주로 활용한다. 1900년대 에디슨은 언젠가 언어교육에서 라디오가 교사를 대신하게 될 것이라고 예언했지만 2018년 현재에도 인간으로서의 교사는 여전히 중요한 위치를 차지하고 있다. 교수자의 역할이 시대에 따라 강조점이 변화되거나 확장 또는 축소되고 있지만 아직까지는 '좋은 교육은 훌륭한 교사가 있을 때' 가능하다. 허영 교수는 창의적 인재가 되기 위해서는 훌륭한 테크닉이 아니라 열린 마음을 배워야 한다고 강조한다. 나의 생각과 '다름'은 '틀림'이 아닌 오히려 '새로운 가능성'이라는 것을 받아들이는 것이 더 중요하고, 교수자와 학생 모두 옆의 동료들과 힘을 합쳤을 때 혼자 힘으로는 해낼 수 없는 더 큰 일을 할 수 있다는 것을 실제로 경험할 때 우리는 성장할 수 있다. 수평적 커뮤니케이션이 살아있는 허영 교수의 수업 속에서 학생들은 주체적이고 능동적인 인격으로 성장하고 있다.

학생들과 함께 호흡하는

"소통하는 수업"

김 용 훈

KIM
YONGHUN

한국법제연구원 부연구위원
감사원 감사연구원 연구관 역임
2013년 상명대학교 부임
(현) 인문사회과학대학 공공인재학부 부교수

법을 가볍고
재미있게 풀어 주며
함께 공부하는 교수

법을 읽고, 이해해야 하는 이유는 무엇인가? 이 질문에 대해 법학자들은 '법의 주권자로서 시민 스스로 자신의 권리를 수호하기 위해서'라고 답한다. 그러나 이렇게 법을 알아야 하는 당위성을 이해한다 해도, 법학 관련 책에 쉽게 손이 가지는 않는다.

법학과 김용훈 교수 역시 강의하러 연구실을 나서는 그 순간까지 항상 같은 고민에 빠져든다. 멀고 어렵고 딱딱하기만 한 듯한 법학을 어떻게 해야 조금이라도 더 가깝게 느끼고, 학생들이 포기하지 않고 끝까지 따라오게 할 방법은 무엇일까? 김용훈 교수는 법이라는 학문 안에서 학생들과 가까워질 수 있는 접점을 늘 고민한다.

"따라가지 못할까 봐 걱정할 필요는 없다.", "법을 법처럼 가르치지 않는다.", "졸업 전 반드시 들어봐야 할 강의다." 김용훈 교수의 강의를 들은 학생들은 그의 고민에 대해 이렇게 화답한다. 김용훈 교수는 어떻게 이 어렵고 지겨울 것 같은 '법을 법처럼 가르치지 않고', 학생들은 어떻게 해서 '따라가지 못할까 걱정할 필요가 없게' 된 것일까?

공감으로 법학을 전하는 그의 강의에 담긴 비밀을 알아보자.

외우지 않고 느끼며 공감하는 법학,
'필링 클래스Feeling Class'

법을 엄격하고 딱딱하기만 한 학문이라고 생각하는 학생들이 많다. 법은 물론 알면 도움이 되지만, 굳이 자세히 몰라도 세상을 살아가는 데 크게 지장은 없다고들 여긴다.

그러나 우리가 헌법을 기본으로 한 국민 주권의 민주주의 국가에서 사는 한, 법을 기준으로 사회질서를 유지하는 법치국가에서 사는 한, 법은 우리의 삶 가까이에서 함께 존재한다. 따라서 법을 아는지 모르는지, 법을 제대로 적용하는지 등의 여부에 따라, 누군가는 이득을 보고 누군가는 해를 입는다. 공정 사회로 가는 길 또한 법에 대한 이해가 필수로 수반되어야 한다.

이러한 법의 유용성과 당위성을 직접 피부로 느낄 수 있을 때, 법학은 비로소 우리 삶과 가까운 학문으로 다가온다. 김용훈 교수는 실생활에서 법이 얼마나 중요한지 너무나 잘 알고 제대로 전하고자 한다. 전공과 상관없이, 학생들에게 '법은 세상을 보는 눈을 키우고 살아가는 힘을 주리라' 강조하면서, 학생들이 다른 누구도 아닌 자신의 일로서 법의 필요성과 원리 등을 느끼도록 하는 데 힘쏟고 있다.

그가 유머러스하게 제시하는 실생활 사례에는 시사 이슈인 정치인들뿐만 아니라 학생들에게 친숙한 연예인까지 다양하다. 어려운 법학 개념이 재미난 사례 제시를 통해 학생들의 머리와 심장에 쏙쏙 박히는 것이다.

> 66 학생들과 공감 영역을 설정하는 게 무엇보다 중요합니다. 99

교수님께서 하시는 강의는 무엇이고, 학생 구성이나 수준은 어떻게 다른지 알고 싶습니다.

강의 전체로 보면 1~4학년을 담당하고 있습니다. 교양수업인 '법과 민주주의'는 1학년이 많이 듣고 '헌법재판론' 등 일부 교과목은 4학년이 많이 듣고 있습니다. 하지만 교과별로 학년에 따라 정확한 수준을 이야기하기는 어려운 것 같습니다. 4학년들을 위한 과목으로 개설을 하여도 4학년만 들어오는 것이 아니고, 타과에서도 수강하기 때문입니다. 전공과 비전공, 학년별로 다양한 수준의 학생들이 들어오지만, 공통 관심사를 이끌어내고 강의별로 꼭 알아야만 하는 포인트는 다 이해할 수 있도록 하고 있고, 제 수업을 듣는 학생들이 모두 다 포기하지 않고 따라올 수 있도록 배려하고 있습니다.

학생들이 교수님의 강의를 필링 클래스feeling class라고 부르는데, 교수님의 강의가 학생들에게 어떤 부분에서 매력적으로 다가갔다고 생각하시나요?

학생들이 처음 법학을 공부하게 되면 공부하기 전부터 '법이 어렵다.'고 생각하고 있는 것 같습니다. 물론 쉬운 과목은 아닙니다. 법학 자체가 암기해야 하는 내용들이 너무나 많이 있고, 용어도 법학을 하지 않았던 학생들에게는 다소 생소할 수 있습니다. 그렇다고 무조건 외워야 하는 수업을 하고 싶지는 않았습니다. 학창 시절을 떠올려보면 무조건 암기를 하는 과목이나 수업은 기피하게 되었던 것 같고, 그러한 경험 때문인지 제 강의에서는 법의 필요성이나 그 논리, 원리 등을 '느낄 수 있도록' 하는 데 초점을 맞추고 있습니다.

학생들이 느낄 수 있도록 한다는 것은 어떤 의미인가요?

우선 학생들이 공감을 할 수 있는 영역에서의 사례를 많이 이야기합니다. 같은 용어를 설명하더라도 실생활의 사례를 풀어주는 것은 매우 중요한 것 같습니다. 다시 말해, 사례를 설정할 때 공감영역을 설정하는 것이 중요합니다. 저는 이것이 저의 강점이라고 생각하는데요, 이를테면 연예인 이야기나 최근 이슈가 되는 정치인들의 이야기를 통해 학생들이 충분히 이해하고 공감할 수 있도록 강의를 제공하는 것입니다. 예를 들어서 '소급입법금지원칙'을 설명하려고 하면, 이 단어 자체가 학생들에게는 너무 낯설고 어렵습니다. 그래서 저는 이 원칙을 설명할 때 연예인 이야기에 비유해서 설명을 하고 있습니다. 예를 들어, SM기획사를 국가로, 그 소속사 연예인들을 국민이라고 가정합니다. 그리고 동방신기 중 일부 멤버가 탈퇴해서 이제는 이방

김용훈 교수의 인터뷰 모습 ━━━

신기로 활동하고, 엑소도 타오, 크리스 등 멤버가 계속 탈퇴를 하고 있는 상황에서 SM 사장은 자신의 소속 연예인들이 그와 같이 계속 탈퇴하는 것에 분노하여 '이제부터 탈퇴하면 처벌을 하겠다.'라는 법을 만들게 되는 상황을 상정합니다. 소속사 사장은 동방신기 탈퇴 멤버, 타오, 크리스를 처벌하기 위하여 당해 법을 제정하였는데 처벌할 수 있을까요? 없습니다. 이것이 소급입법금지원칙입니다. 법이 만들어진 시점 이전의 행위를 그 법을 적용하여 처벌을 할 수는 없다는 것입니다. 이런 식으로 저는 학생들이 흥미를 가질 수 있는 이야기로 쉽게 설명해 주려 노력하고 있습니다.

또는 그 용어나 원리를 들었을 때 기억이 날 수 있도록 연상 가능한 이미지나 상황을 곁들여 설명해줍니다. 예를 들어, 헌법에 '불가변력'이라는 말이 있습니다. 이 뜻은 '한번 내린 결정은 변하지 않는다.'는 것으로, 재판관이 위헌이라고 일단 결정을 내리면 바꿀 수가 없는 것을 말합니다. 그런데 단어 자체가 생소하기 때문에 저는 단어를 설명할 때 에피소드를 더해서 설명합니다. '재판관이 위헌이라고 해놓고, 갑자기 배탈이 나서 화장실에 갔는데 거기서 제정신을 차려보니 합헌이었다. 하지만 결정을 바꿀 수는 없다.' 이런 식으로 말입니다. 그러면, 학생들은 웃으면서 듣고, 나중에는 언제든지 불가변력이라는 단어를 쉽게 연상할 것입니다.

법의식^{legal mind} 훈련

김용훈 교수는 무엇보다 학생들에게 '법의식'을 전하는 게 목표이다. 그러려면 세상의 수많은 사건과 일상을 법적인 시선으로, 법적인 문제 파악으로, 법적인 문제 해결을 고민하도록 이끄는 훈련이 필요하다. 법 지식 그 자체가 아니라 '네 생각은 무엇인지', '어떻게 생각하는지' 등 질문을 통해 법적으로 바라보는 관점을 배양하는 것이다. 따라서 늘 새로운 판례를 업데이트 해야 한다고 강조한다.

지식과 이론으로 끝나는 공부로 길을 잘못 들지 않도록, 늘 스스로 어떤 위치에서 공부하는지 확인해야 하기 때문에 목차를 자주 확인하라고도 한다. 나무에서부터 숲을 찾으라는 그의 말은 의미심장하다. 전체 그림을 볼 줄 알면 지식의 지도가 그려지기 때문이다. 학생들이 잘 따라오고 있는지 수시로 확인하고 선수 학습을 빠뜨리지 않는 과정을 중시하는 이유다.

> ❝ 모든 학생이 법의식^{legal mind}을 가질 수 있도록 훈련합니다. ❞

학생들이 교수님의 강의를 들을 때 가장 강조하시는 것은 무엇입니까?

저는 학생들에게 '이게 뭔지 아니?'를 묻기보다는 '네 생각은 뭐니?', 'A에 대해서는 어떻게 생각해?'라는 유형의 질문을 많이 하고 있습니다. 제가 생각할 때 학생들이 제 수업을 통해 꼭 얻어가야 하는 것 중의 하나가 법의식^{legal mind}입니다. 세상을 바라봄에 있어서, 그리고 하나의 사건을 해석함에 있어서 어떤 부분이 법적으로 문제가 있고, 문제를 해결하기 위해서는 어떤 법을 적용해야 할지를 고민하도록 훈련을 시키고 있습니다.

물론 배워야 할 내용들이 많기 때문에 토론을 하는 활동 등은 제한이 있습니다. 하지만, 적어도 어떤 생각을 하고 있는지 나아가 일정한 학습단계를 통하여 법을 풀어가는 역량을 기르고 있는지에 대해서는 학생들에게 자주 질문합니다.

법학을 공부하는 학생들은 공무원, 변호사, 법무사, 변리사가 되는 길을 많이 선택하는데, 그런 학생들에게는 이러한 법의식이 정말 중요합니다. 그리고 이러한 진로를 선택하지 않는 학생들에게도 자신이 취업한 기업이 부딪히는 상황이나 사회 현상들에 대해서 어떤 법이 관련되어 있고, 그 법을 어떻게 적용할 수 있는지를 보는 눈을 키울 필요가 있다고 강조하고 있습니다.

학생들에게 이런 역량을 키워주기 위하여, 저는 강의에서 다양한 사례분석을 통해 법의 포맷format을 익힐 수 있도록 도와주고 있습니다. 다양한 판례 상황들에 대해서 숙지하고 나면, 유사 상황이 발생했을 때 스스로가 법적으로 판단할 수 있게 되기 때문입니다. 제가 지금 담당하고 있는 '법과 민주주의' 수업에서는 학생들에게 적어도 회사에서나 가정생활에서 관련 상황이 발생했을 때 그 상황에 대해 법과 민주주의라는 틀을 가지고 다른 사람에게 설명해줄 수 있는 정도는 되어야 한다고 말을 하고 있습니다. 가령, 어떤 상황에 직면했을 때 그것이 헌법 등 공법과 관련되어 있는지 혹은 민법 등 사법과 관련되어 있는 사안인지를 판단할 수 있어야 하고, 특히 헌법 사안이라면 통치구조 사안인지 기본권 구조와 관련된 사안인지를 구분할 줄 알아야 합니다. 나아가 기본권과 관련된 사안이면 헌법 재판소가 다뤄야 하는 문제인지, 행정법원이 다뤄야 하는 문제인지 등을 알 수 있어야 한다고 말합니다. 이런 과정이 모두 사건 하나를 해결해나가는 원칙과 방식인 것인데, 종국적으로 저는 학생들이 이런 것에 익숙해지기를 바랍니다.

강의에서 활용하는 사례는 자주 변경하시는 편인가요?

사회 이슈나 판례 등은 계속해서 새로운 것이 발생하기 때문에 자주 스크랩을 해두고, 강의에서 활용하는 사례도 자주 변경을 하는 편입니다. 또 학생들의 공감을 계속 얻기 위해서는 그 당시의 학생들이 관심 있어 하는 영역과 관련된 이야기를 많이 끌어와야만 합니다. 예를 들어, 최근에는 박근혜 대통령 및 최순실 측 이야기를 다루어서 설명을 했습니다. '국제사법재판소'라는 것을 배울 때 중요한 것은 '원고적격'인데, 이는 원고가 될 수 있는 자격을 말합니다. 특히 국제사법재판소의 원고적격은 국제사법재판소 규정에 따라 국가에게만 인정됩니다. 얼마 전 박근혜 전 대통령 청구인 측 변호사가 박근혜를 탄핵시키면 국제사법재판소에 제소하겠다고 했는데, 이것은 틀린 주장입니다. 왜냐하면 언급한 바와 같이 국가만이 국제사법재판소에 제소를 할 수 있기 때문입니다. 이번 사건이 크게 사회적 이슈가 되었기 때문에 당해 부분을 다룰 때 학생들이 관심을 가지고 수업을 들어주었던 것 같습니다.

제가 항상 아이들에게도 강조하는 것 중의 하나가 '업데이트'입니다. 법학을 공부하는 학생들에게 가장 중요한 것 중 하나는 새로운 판례입니다. 새로운 판례가 나오는 경우도 있고, 기존 판례가 변경되는 경우도 있고, 새로운 사안에 대해 다루는 판례도 있습니다. 그래서 새로운 판례가 나오면 중요하다고 생각하는 부분에 대해서는 소개를 적극적으로 해 주고 있습니다. 다는 하지 못하더라도, PPT를 통해서 소개하려고 노력하고 있습니다. 공무원 시험 역시 최신 판례를 알고 모르나에 따라 당락이 많이 좌우되기 때문에, 항상 관심을 가지고 있어야 한다는 점을 강조하고 있으며 저 역시 스스로 강의 준비를 하면서 최신 판례 소개에 힘을 쏟고 있습니다.

❝ 목차를 자주 확인하여,
　　　나무에서부터 숲을 찾으라고 말을 합니다. ❞

15주 강의는 어떻게 구성하시고 계신가요? 그리고 15주 동안 각 단계를 잘 이끌어 가기 위해서 어떤 노력을 하고 계신가요?

다른 교수님도 마찬가지겠지만, 그 과목에서 요구하는 기본적인 사항, 기본적인 지식은 다 짚고 넘어가야만 합니다. 하지만 대학이 고시학원은 아니기 때문에 하나부터 끝까지 다 다룰 수는 없습니다. 예를 들어 행정법의 경우 '행정행위'라는 개념이 가장 중요합니다. 따라서 행정법을 강의할 때 수시로 당해 개념을 학생들에게 상기시켜 행정법 수강의 장정에 어려움을 최소화하려고 노력하고 있습니다. 나아가 행정소송에서 중요한 것은 '소송요건'이라는 것이기 때문에, 당해 사항 역시 유사하게 다루고 있습니다. 하지만 이 부분은 다른 교수님들도 유사하다고 생각됩니다. 제가 특별히 제 수업에서 신경을 쓰는 부분은 학생들이 나무만 보지 않도록 수업계획서를 통해 우리가 어디에 와 있는지를 학생들에게 확인하도록 지속적으로 종용한다는 것입니다.

저는 항상 학생들에게 목차 중심으로 보라고 합니다. 예를 들어 행정법에서 처분이 중요하다고 처분만 보면, 실제로 처분이 어떻게 작동하고 응용되는지 실생활에서 어떻게

김용훈 교수의 인터뷰 모습 ━━━━

적용되는지 모르기 때문입니다. 이론으로 끝나 버리는 공부를 막기 위하여 자신이 어느 위치에서 공부하고 있는지 확인해야 한다고 항상 강조합니다. 법학에서 목차가 중요한 이유는 자신이 어디 있는지를 알 수 있도록 하는 하나의 주요한 수단이 되기 때문입니다. 법학교과서에서는 A라는 개념이 있을 때, 처음에는 그 개념을 설명하지 않는 경우가 많습니다. 저자분이 당연히 알 것이라고 넘어가시기 때문입니다. 따라서 저는 이와 같은 상황을 고려하여 학생들에게 목차를 적극적으로 활용하여 숲을 보면서 가라고 종용하고 있으며 이러다 보면 뒤에 당해 개념이 나오니 중도에 포기할 일은 없다고 줄곧 격려를 하고 있습니다. 전체 그림을 볼 줄 알면, 어떤 개념이 중요한지, 어디쯤 이야기가 나올지 감이 생기기 때문입니다. 그래서 목차를 중요하게 생각하고 이를 꾸준히 학생들에게 강조하고 있는 것입니다.

그리고 각 수업에서 저는 5분 정도는 꼭 지난 수업에서 배운 내용에 대해서 설명을 해 주려 노력하고 있습니다. 그렇게 해야 지난 내용과 오늘 내용과의 관련성을 알 수 있고, 오늘 배울 내용이 어떤 맥락에서 나오게 되었는가를 이해할 수 있기 때문입니다. 이 때 지난 시간에 배운 내용이 기억나는지를 꼭 확인합니다. 학생들이 어느 정도 따라오는지를 확인해야 하기 때문입니다. 그리고 저는 수업 자료 첫 장에 오늘 배워야 할 내용과 학습목표를 꼭 제시해줍니다. 선수 학습에 대해 요약하여 설명하는 부분은 진도가 바쁘더라도 거의 생략 없이 꼭 진행하고 있는 것입니다.

끝까지 함께 간다

수업 첫날 서로 마주 보고 인사하는 그 순간부터 기말고사 시험지를 제출하고 나오는 마지막 순간까지 15주라는 긴 여정은 교수와 학생이 함께하는 동행의 단편이다. 한 교수가 많은 학생들을 모두 돌보는 것은 힘들지만, 그래도 모든 학생의 낙오 없이 함께 가고자 노력하는 교수의 모습 속에서 학생들은 감사를 느낀다. 김용훈 교수는 이 여정에서 학생들이 출발선에 상관없이 함께 뛰고, 지치지 않도록 노력한다.

선한 인재를 키우고 싶다는 신념을 가지고 학생 한명 한명의 이름을 의미 있게 불러주고 격려하는 김용훈 교수에게 감사하는 마음으로 학생들도 한 번 더 그가 하는 말에 귀를 기울이는 듯하다.

> **학생들의 이름을 모두 외워서 불러줍니다.**

교수님께서는 학생들과의 소통에 많이 신경쓰시는 것 같습니다. 학생들과의 소통을 잘 하기 위한 교수님의 노하우는 무엇입니까?

노하우라기보다는 저는 학생들과 대화를 지속적으로 해나가기 위해서 제 수업에 들어오는 학생들의 이름을 모두 외워서 부릅니다. 특정 학생만 외우는 것이 아니라 거의 전 학생을 외우려고 합니다(특별히 외우려고 노력하는 것보다는 강의가 진행되면서 자연스럽게 외우려 합니다). 그리고 수업 중에 학생들의 이름을 직접 부르면서 수업을 진행하는 편입니다. 이를 통하여 어떤 학생이 어려워하고 있는지, 이해는 다 하고 있는 것인지 학생들이 수업 내용을 잘 따라오고 있는지를 파악하기 위한 질문을 개별적으로 많이 할 수 있습니다. 학생들도 이름을 불러주면 출석할 뿐만 아니라 강의 중에도 자신을 기억한다고 생각을 하고 조금 더 착실하게 수업에 들어오는 것을 느낄 수 있습니다. 그리고 언급한대로 수업 중간에 학생들이 진도를 잘 따라오고 있는지를 확인하기 위해서 질문을 많이 하는 편인데, 그 때도 학생들의 이름을 불러 질의응답을 시작하면 학생들도 자신을 기억해주고 있다는 것에 기뻐하는 것 같았습니다. 일단 그렇게 대화를 시작하다 보면 학생들이 저를 편하게 생각하고 연구실로도 자주 찾아오고 있습니다. 저의 수업을 수강한 글로벌 경영학과 학생 중 한 명이 졸업 후 경찰이 되어 얼마 전 저의 연구실에 찾아 와 안부를 전했는데 너무 흐뭇했습니다.

66 이미 배운 내용이라 하더라도, 모르면 반드시 짚고 넘어갑니다. 99

학생 구성이나 수준이 서로 다른데, 학생들의 눈높이는 어떻게 맞춰주고 계신지 궁금합니다.

말씀하신대로 매우 다양한 학생들이 수업에 들어옵니다. 꼭 교양이 아니더라도, 수업 대상 학년이 아닌 학년이나 타과 학생들도 들어오곤 합니다. 그리고 같은 학년 안에서도 다른 지식 수준을 보입니다. 예를 들어, 1학년 학생이 4학년 과정에서 배우는 무효와 취소에 대한 개념, 법률행위에 대한 개념을 알고 강의에 참여하는 경우가 있습니다. 이러한 학생은 4학년 과목이라도 설명해 줄 필요가 없을 것입니다.

하지만 반대로 그것을 모르는 학생들도 반드시 존재합니다. 고학년 수업이라 하더라도 저학년에서 배우는 개념을 다 알지 못하는 학생들이 있을 수 있음은 물론입니다. 그럴 경우에는 잘 모르는 소수의 학생을 위해서 한 번이라도 더 해당 개념을 언급하고 넘어가려고 합니다. 학생들에게는 복습의 개념이라고 생각하고 설명을 해줍니다. 예를 들어, 올해 행정법 강의는 3학년에서 4학년 과목이 됐는데, 여기서 중요한 개념이 '처분'의 개념입니다. 원칙적으로는 2~3학년 때 행정법 관련 수업을 듣고, 처분에 대한 개념을 다 알아야 하는데, 그렇지 않은 경우들이 있었습니다. 4학년 과목이라고 그 개념을 설명해주지 않고 넘어가면, 정말 중요한 개념을 알지 못하고 넘어가는 것이 되기 때문에, 설명을 생략할 수는 없습니다. 그래서 이미 알고 있는 학생들에게는 알고는 있겠지만, 한 번 더 다루어 모든 학생이 능동적으로 수업에 참여하도록 유도하고 있습니다. 언급한 바와 같이 이미 숙지하고 있는 학생에게는 복습으로 접근하여 보다 면밀한 수업 진행을 도모하고 있는 것입니다.

학생들에게 꼭 해주고 싶은 한마디가 있다면?

저도 그렇지만 학생들이 크면서 웃어른들에게 많이 들은 말 중 하나가 아마도 '배워서 남 주냐?' 하는 말일 것입니다. 저는 오히려 '남 주기 위하여 배우라'고 이야기를 종종 해주고 있습니다. 네. 저는 학생들에게 사회에 도움이 되는 '선한 인재가 되라'는 말을 꼭 해주고 싶습니다. 아는 것을 선한 곳에 쓸 수 있는 인재가 되기를 바라고, 그런 학생들이 사회 곳곳에서 중요한 역할을 해나가기를 바랍니다. 저 역시도 제 학생들이 그렇게 성장할 수 있도록 앞으로 기도하고 더 많은 노력을 기울일 것입니다.

■■■ 김용훈 교수의 수업에 참여한 학생들의 의견

"교수님 덕분에 법이 좋아졌습니다. 학생 이름 하나하나 다 외우시고 이해하기 쉽게 설명해주셔서 정말 재미있게 수업했습니다."

"교수님께서 수업을 잘 따라오고 있는지를 계속 확인하시면서 수업하셔서 좋았습니다."

"제 기준 상명대 최고의 교수님이십니다. 굉장히 유머러스하시고 딱딱한 법이라는 과목을 정말 재미있게 가르쳐주십니다. 학생들의 이름을 거의 다 외워서 소통하시면서 수업을 하십니다."

"전공학생이라면 다 아는 믿듣용(믿고 듣는 김용훈). 저희가 잘 따라오는지를 계속 질문도 해주시고, 너무 재미있고 완벽했어요!"

"교수님께서 이해할 때까지 반복해서 설명해주시기 때문에 법학이라 수업 내용이 어려워서 못 따라갈까봐 걱정할 필요는 없을 것 같습니다. 수업 시간에 이해하지 못한 내용이 있다면 질문을 잘 받아주시니까 질문하시면 됩니다."

"강의력은 물론 학생들을 집중시키는 능력도 탁월하시고 유머와 재치 또한 재미있습니다. 교수님께서 이름과 얼굴을 120% 기억하시는 것도 너무 좋았고, 사회의 여러 가지 이슈에 대해 깊게 고민을 해보게 된 것도 좋았던 것 같습니다. 상명대 최고의 교양강의에 반드시 포함시켜야 한다고 생각합니다."

법은 사회정의를 위한 최소한의 약속이자 최대한의 장치이다. 따라서 법이 존재하는 이유는 '공정하고 정의로운 사회 구현'이다. '선한 인재가 되라.'는 김용훈 교수의 말은 모든 법학 강의가 지향해야 할 목표인 것이다.

　　4차 산업혁명 시대에도 법학의 중요성은 커진다. 인공지능과 사람, 과학 발전과 윤리적 선택의 문제 등 그 모든 융합 영역에는 질서와 법을 기반으로 한 행정이 필요하다고 김용훈 교수는 강조한다.

　　그는 대학교육이 지향해야 할 목표 또한 인간관계라고 역설한다. 사제 관계, 교우 관계 등 인간관계를 바탕으로 학문을 함께 공부하고 나누며 인간 됨됨이와 교양을 쌓는 곳.

　　법학을 공감과 느낌의 키워드로 전할 수 있는 김용훈 교수의 힘은, 바로 이러한 확신에서 솟아나는 듯하다.

류
현
승

LIU
HYUNSEONG

연세대학교, 이태리 G.Rossini 국립음악원,
Accademia di Teramo 졸업
독창회와 콘서트, KBS TV문화광장, KBS 열린음악회,
MBC 문화살롱 등 활발한 연주활동 및 방송 출연
성정, KBS, 한음, 수리콩쿨 및 수원, 성남,
천안시립합창단 등 심사위원
2009년 상명대학교 부임
(현) 음악대학 성악과 교수

학생들의
내면의 가치와
예술을 이어주는
교수

예술은 우리에게 어떤 의미일까? 예술은 우리 삶과 얼마나 가까울까? '인생은 예술'이라는 말처럼 삶의 희로애락은 고스란히 예술에 담기고, 그러한 인생의 매 순간마다 예술을 만난다.

류현승 교수는 학생들에게 듣기 좋고 백일몽 같은 칭찬을 던지지 않는다. 직설적이고 솔직하다. 학생을 울릴 때도 많다. 대가가 되는 꿈을 꾸라는 비현실적인 조언 대신, 음악이라는 예술을 통해 삶을 통찰할 능력을 키우라고 가르치며 격려한다.

무대에서 누구나 빛나는 주연이 될 수는 없지만 적어도 각자 삶 속에서는 진정한 주역이 되기를, 각자 삶의 예술이 건강하고 깊은 내면의 힘을 발하기를 바란다. 진정으로 음악을 향유하고 예술을 공부해 궁극적으로는 인생을 더 가치 있게, 아름답게 만들기를 바란다. 학생들이 음악 속에 담긴 진실한 삶을 진정한 해석자로서 느끼고, 지극히 평범한 순간들조차 의미 있는 순간으로 만드는 음악의 힘을 창조하도록 가르친다. 그런 그에게 교육이란 음악을 하는 것과 다르지 않은 또 하나의 예술이다.

작품의 깊이를 더하는 언어공부와 곡 해석

'예술에는 혼이 담겨 있다.'라는 표현을 많이 한다. 기술과는 달리 '예술'이라고 표현하는 이유는, 작가의 정신이나 그 시대의 문화, 언어 등 인간에 대한 고민과 철학이 녹아 있기 때문일 것이다.

그런 점에서 류현승 교수는 학생들에게 예술을 하려면 근본을 먼저 알아야 한다고 역설한다. 성악에서는 단순히 노래를 잘하는 능력이 중요한 것이 아니라, 그 곡에 대한 해석이 더 중요하다고 항상 강조한다. 따라서 류현승 교수의 수업에서는 텍스트 공부와 곡 해석 연구를 발성과 표현에 앞서 더 중요시한다. 텍스트를 완벽히 이해하고 그 안에 깃든 문화와 생각과 배경을 제대로 알 때 곡을 더 정확하고 깊이 있게 해석할 수 있기 때문이다. 해석의 차이가 곧 학생들의 내면의 깊이의 차이로 이어진다.

개별 상담과 피드백, 미리 나가는 과제 등 류현승 교수의 수업 보완책은 그 분량이 상당하다. 곡 해석 능력을 위해 언어 외 다양한 곡들을 더 많이 접하고 해석해볼 기회를 제공하는 것은 물론이다. 그는 한국 정서를 정확히 이해해 담고 표현해야 하는 한국가곡 또한 더없이 중요시한다. 모국어를 잘해야 외국어도 잘할 수 있다는 맥락에서다.

> ❝ 저는 음악에 있어서
> 텍스트text의 문학적 의미를 중요하게 다루고 있습니다. ❞

교수님께서 담당하고 계신 과목이 다양한데, 각 과목마다 수업방법이 어떻게 다른가요?

수업은 달라도 골간은 비슷한 것 같습니다. 언어를 배우고, 해석하는 방법을 배우고, 그것을 발성하고 표현하는 방법을 배우게 됩니다. 성악에서는 이탈리아어를 배우는 것이 참 중요합니다. 왜냐하면 오페라에서 절대적인 비중을 차지하는 언어가 이탈리아어이기 때문입니다. 제 1언어라고 해도 과언이 아닐 정도입니다. 우리가 주로 가르치는 방법은 '벨칸토'인데, 벨칸토는 18세기에 확립된 이탈리아의 가창법을 의미하고, 그 기법을 배워야만 주류 오페라를 잘 해낼 수가 있습니다. 한국어는 발음에 있어서 타 언어에 비해 각져 있는데, 벨칸토 창법은 굉장히 부드럽게 연결되어 있습니다. 벨칸토 창법에서 가장 핵심적인 것이 레가토라는 것인데, '레가토'는 사전적으로 '잇다'라는 뜻을 의미합니다. 한국인은 이 레가토를 잘 배워야만 합니다. 물론 나중에는 어떤 언어를 가지고도 자연스럽게 표현하는 것을 지향하지만, 기본적으로는 이탈리아어를 잘 습득해서 발성을 잘 할 수 있도록 도와주려고 하고 있습니다.

그리고 언어가 중요한 것은 언어가 되어야 곡을 해석할 수 있기 때문입니다. 텍스트를 완벽히 이해하고 그 시대의 문화나 사상, 생각, 그 곡 안에서의 상황 등을 잘 이해하고 있어야 풍부하고 또 정확하게 곡을 표현할 수 있습니다. 저는 시대배경과 개인적인 심리 배경이 문학적으로 파악되어야 함을 지나칠 만큼 강조하고 있습니다. 우리는 몸이 악기인데, 몸에는 정신이 함께 깃들어 있습니다. 소위 '아니마'라고 하는 것이 깃들어야 몸이 악기화 될 수 있습니다. 해석을 통해 그에 맞는 느낌이 전체적으로 와 닿아야만 그에 상응하는 소리, 어울리는 소리를 낼 수가 있는 것입니다. 그래서 저는 수업시간에 한 곡, 한 곡 학생들과 제대로 해석하는 작업들을 하고 있는데, 기본이 언어가 되기 때문에 언어교육을 강조하고 있습니다.

그리고 시음악과 극음악에 대한 해석상의 접근 방법, 곡 해석을 하는 방법들이 다 언어로 되어 있기 때문에 아무리 훌륭한 작곡가라 하더라도 대본이 훌륭하지 않으면 절대로 훌륭한 작품이 나오지 않습니다. 클래식 성악이라고 하는 것 자체가 텍스트로 된 문학 자체이고 거기에 감명을 받아서 작곡가가 음악을 붙인 것이기 때문에 텍스트 해석이 중요한 것입니다. 텍스트를 완벽하게 알고 나면 연주자의 극적, 시적 상상력을 더해서 그 텍스트가 자기 내면에서 자신감 있게 표현될 수 있습니다.

음악에 대한 실기와 이론을 병행하면서 언어공부까지 하려면 시간이 많이 부족할 것 같은데, 이 부분은 어떻게 보완하고 계신가요?

말씀하신대로 15주 강의가 있으면, 이론과 실기를 모두 병행해야 하기 때문에 시간이 충분하지 않습니다. 그래서 학생들에게 전달하는 내용들도 많고, 학생들이 소화해야 하는 내용도 많습니다. 그리고 저는 이 부분을 개별 상담과 피드백, 그리고 학기 전에 미리 나가는 과제들을 통해서 보완하고 있습니다. 일단, 실기나 곡 해석에 있어서 부족한 부분이 있는 학생들은 수업 외의 시간에도 개별적인 피드백을 줍니다. 시간적인 제한이 있어서 언어교육 전공과목처럼 아주 깊이 있게 이론을 공부하는 것은 어렵지만, 최대한 깊이 있게 다룰 수 있도록 노력하고 있습니다. 기본 문법은 당연히 알고 있어야만 해석이 가능하기 때문에, 학기 시작 전에 제 수업을 듣고자 하는 학생들에게 몇 가지를 외워오라고 주문합니다. 이를테면 동사변화 30개를 외워오라고 학기 전에 미리 숙제를 내줍니다. 인칭이 단수 3개, 복수 3개 이렇게 여섯 개인데, 30개에 대한 동사변화를 외워오라고 하면 그 양이 상당합니다. 학생들에게 미안하지만 그 학기에 수업할 내용들을 진행하기 위해서는 기본적인 것이 되어 있어야 하기 때문에, 미리 과제를 내주고 다음 학기를 준비할 수 있도록 하고 있습니다.

> ❝ 곡 해석의 차이가
>   곧 학생들의 연주실력의 차이로 이어집니다. ❞

교수님께서 앞서 곡 해석이 중요한 부분이라고 말씀해주셨는데, 학생들의 곡 해석 능력을 향상시켜 주기 위해서 언어공부 외에 어떤 노력을 더 기울이고 계십니까?

다양한 곡들을 많이 접하고 해석하는 기회를 주고자 노력하고 있습니다. 한 곡을 이해하기 위해서는 그 한 곡을 이해하는 것도 중요하지만, 때때로 다른 곡들을 함께 공부할 때 더 잘 해석할 수 있는 경우가 있습니다. 그렇기 때문에, 학생들에게 다양한 곡들을 모두 소화하기를 요구하는 편입니다. 주로 과제와 피드백을 통해서 학생들이 해석 능력을 향상시킬 수 있도록 하고 있고, 그래서 여러 곡을 과제로 많이 내주는 편입니다. 학생들에게 처음부터 곡 해석 과제를 많이 주지는 않고, 저학년은 한 학기에 5~7곡, 고학년은 6~8곡 정도가 나갑니다. 한국가곡의 경우에는 한 학기에 50개 정도를 다루고 있습니다. 시에 대한 해석과 장소, 시기, 심리적 배경을 설명하고 있고, 해마다 조금씩 차이가 있기는 한데 50곡 가까이는 다룰 수 있도록 노력하고 있습니다. 학생들에게는 미안하지만 그것이 학생들을 위한 길이라고 생각하고 있습니다. 그 외에는 시대 배경과 개인적인 심리 배경을 모두 파악하여 문학적으로 이해할 수 있는 단계가 될 수 있도록 다양한 정서를 포착하는 능력을 키우고자 합니다.

겨울 나그네라는 곡만 하더라도 24곡의 연가곡입니다. 우리나라에는 겨울 나그네라고 되어 있는데, 사실은 겨울 여행이 원래 제목입니다. 이게 실연가인데, 실연당한 청년이 죽으러 가는 여정을 그린 작품입니다. 그런데 24곡이라는 긴 시의 전체를 살펴봐도 죽음이라는 말은 단 한마디도 나오지 않습니다. 겨울은 상징적인 배경인데, 이런 암시와 상징, 다양한 소품들이 전체적인 작품의 이미지와 주제를 형성해주는 것입니다. 학생들에게 이런 암시와 상징을 포착할 수 있는 능력을 길러줄 때에는 해석의 결과를 중심으로 알려주기 보다는 그런 것들을 분석해볼 수 있도록, 즉 스토리의 결과와 해석을 도출하게 하는 원인들을 잘 파악해볼 수 있도록 도와주려고 합니다. 그런 역량이 배양되면 결과를 읽는 능력은 자연히 따라오게 되어 있습니다.

작품을 잘 이해했다는 것은 어떻게 알 수 있습니까?

계속 말씀드린 것과 같이 그 시대의 배경과 심리 배경을 잘 이해하고 파악해서 자신의 것으로 단호하게 구체화해서 표현할 때 그 학생이 작품을 잘 이해하고 있다고 볼 수 있습니다. 그리고 작품 안에 등장하는 어떤 역할이 주어졌을 때 혹은 화자의 입장이 되었을 때 그 입장에서 작품 전체를 해석할 수 있는 모습을 보일 때 작품 전체를 잘 이해했다고 생각합니다. 예를 들어 '님은 갔습니다' 라는 시에서 표현되는 님은 조국이 될 수 있고, 사랑했던 여인일 수도 있고, 절에 왔다간 사람일 수도 있습니다. 화자인 연주자는 그 설정을 완료한 후에야 작품의 분위기나 표현을 결정할 수 있는 것입니다. 그게 바로 '해석력'이라고 할 수 있습니다. 같은 노래라 할지라도 설정이 어떠냐에 따라 분명히 느낌이나 전달하고자 하는 바가 다르게 표현됩니다. 오페라도 마찬가지입니다. 오델로 같은 경우에도 어떤 시점에서, 어떤 역할을 중심으로 해석하는가에 따라 부각되는 면들이 달라집니다. 그래서 학생들이 그 속에 나타나는 다양한 역할들을 다 이해하고, 표현할 수 있도록 준비했다가 언제든 한 역할을 선택해서 소화할 수 있어야 한다고 말을 해주고 있습니다.

" 한국 사람은 한국인의 정서를 정확하게 이해하고
　　　　표현할 수 있어야 한다고 생각합니다. "

앞서 한국 가곡을 한 학기에 50곡 정도 다룬다고 하셨는데, 수업 과목으로 한국 가곡을 특별히 다루는 이유가 있으신가요?

　　　　　　　　　제가 한국 가곡도 함께 다루는 이유는 한국인이 한국 사람의 언어와 정서를 아는 것이 중요하다고 생각하고 있기 때문입니다. 국내에 한국 예술인임에도 불구하고 한국 작품을 다루기보다는 외국 작품만을 다루고자 하는 사람들도 많은 편이고, 실제로 한국 작품을 다루는 분들은 많이 없습니다. 한국 음악계가 극음악 쪽으로 편중되어 있는 것도 문제입니다. 극음악과 시음악이, 즉 오페라와 가곡이 적절한 비율로 같이 가야 상호보완적인 관계로 음악 전체가 발전할 텐데 그러지 못한 게 아쉽습니다. 앞서 말씀드렸듯, 저는 우리의 정서를 이해하는 것이 중요하다고 생각하고 있고, 한국 시의 서정과 정서를 정확하게 핀셋으로 집어내듯이 구체화 할 줄 알아야만 아름다운 목소리와 예술로 피어난다고 생각합니다. 그리고 우리 것을 잘 알 때 외국 작품의 특징도 더 눈에 잘 들어온다고 생각합니다. 그리고 한국에도 좋은 예술 작품들이

류현승 교수의 인터뷰 모습 ▬

많습니다. 예를 들어, 고은 시인의 경우에는 독일에서 한국말로 자신의 시를 낭독한 적이 있는데, 그 당시 독일 학생들의 반응이 굉장했다고 합니다. 전혀 생소한 언어임에도 불구하고, 언어에서부터 나오는 정서와 에너지를 외국인이 느낄 수 있다는 것입니다. 그래서 저는 한국 가곡이 많이 다루어지고 있지는 않지만, 한국 시와 문학, 가곡을 충분히 배우는 것은 한국인으로서 매우 중요하다고 생각하고 있고, 그럴 만한 가치가 충분하다고 생각합니다.

학생들의 가치관을 정립시켜주는 예술교육

현대 사회는 과거보다 삶의 환경은 더 나아졌지만 삶의 행복이 함께 증진되었다고는 할 수 없다. 류현승 교수는 삶을 조금 더 풍요롭게 만들어가는 방법에 대해, 각자 삶 속에서 자신만의 확실한 가치관을 정립할 필요가 있다고 말한다. 그리고 한 사람, 한 사람에게 맞는 가치관을 형성해주는 과정에서 음악이 '삶의 척추'가 되어 누군가의 인생을 지지할 수 있다면, 예술교육의 가치가 더욱 빛난다고 믿는다. 아무리 시대와 삶의 형태가 변해도 달라지지 않는 인간 정서와 중요한 기본 가치가 남기 때문이다. 음악 예술을 배우는 과정에서 각자 삶과 색깔을 명확히 찾는다면 예술교육의 가치가 제대로 발휘된 것이다. 이에 앞서 그는 다양한 학생들이 각자의 특·장점을 스스로 잘 파악하도록, 함께 곡과 개성을 찾는 과정을 강조한다.

❝ 확실한 가치관이 학생들의 삶에서
　　　　　척추와도 같은 역할을 할 것이라 생각합니다. ❞

교수님께 강의란 어떤 의미가 있나요?

소명이라고 생각합니다. 어떤 분들은 가르치는 것보다는 연주나 노래만 했으면 좋겠다고 말씀을 하시지만, 저는 가르치는 것이 천성에 잘 맞는 것 같습니다. 그리고 저는 가르치는 것도 예술의 한 종류라고 생각을 하고 있습니다. 학생들을 대하다 보면 변화하는 과정을 지켜보는 것이 놀라운 일이고, 많은 보람을 느끼게 하는 일입니다.

교수님은 어떤 학생들을 양성하고 싶으신가요?

깊이 있는 해석자로 키우고 싶습니다. 음악을 해석하고 자신의 것으로 표현할 줄 아는 것이 중요하다고 생각하기 때문입니다. 저 역시 외국에서 공부를 했을 때 들었던 여러 가지 찬사 중에 '아주 좋은 해석자'라는 칭찬을 가장 좋아했습니다. 제가 생각할 때 깊이 있는 해석을 할 줄 알아야만 마음에 와 닿는 좋은 음악을 할 수 있는 것 같습니다. 예술이라고 하는 것은 인간의 삶을 담고 있고, 인간의 삶을 위로하는 역할들을 하고 있다고 생각하고 있습니다. 아무리 시대가 변해도 사람들은 삶 속에서 결핍을 느끼고 내적 가치를 추구하게 되는데, 이 때 그 빈 공간을 채워주는 것이 예술인 것입니다. 흔히들 노래를 하기 위해서는 단순하고 눈에 보이는 행위가 전부라고 인식합니다. 하지만 노래를 제대로 하기 위해서는 많은 해석과 연구가 필요합니다.

그리고 그러한 해석이 제대로 이루어지기 위해서는 자신의 가치관이 명확해야 합니다. 이를테면 자신의 가치관과 생각이 예술을 하는 데 있어서, 혹은 삶의 뼈대가 된다고 생각합니다. '삶의 척추'가 되는 것입니다. 현실적으로 제가 가르치는 학생들이 졸업하고 모두 프로페셔널 한 음악인들이 될 수 없고, 그렇게 되기 어려울 것이라고 생각합니다만, 적어도 음악을 배우는 과정에서 자신의 삶과 색깔을 명확하게 찾을 수 있다면, 그것이 예술교육의 가치가 아닌가 생각합니다.

> ❝ 학생들이 수업을 통해서
> 자신을 발견하고 나아갈 수 있도록 도와주고자 합니다. ❞

학생들을 가르칠 때 유의하시는 부분은 무엇입니까?

학생들이 다 다른 특성을 가지고 있기 때문에, 성악 예술을 할 때 스스로가 자기 자신을 잘 파악할 수 있도록 하는 것이 중요한 것 같습니다. 자신의 보이스 컬러와 특·장점을 파악해서 주 종목을 정하고 주력해야만 합니다. 자신을 특화하는 작업이 중요하다는 것을 학생들이 깨우칠 수 있도록 도와주고 있고, 그러한 특·장점을 함께 찾아보기도 합니다. 학생들은 자기가 어떤 사람인지 보통 잘 모릅니다. 비유하자면 공격수인데 골키퍼를 하고 있다는 느낌을 주는 학생들도 더러 있습니다. 4년 동안의 플랜을 구성해야만 하기 때문에, 저는 학생들에게 어울리는 곡을 찾아주기 위해 노력을 많이 하고 있고, 학생들이 수업을 통해서 자신을 발견하고 나아갈 수 있도록 도와주고자 합니다. 하지만, 단순히 학생들에게 용기를 북돋아주기 위해 하얀

거짓말은 하지 않습니다. 모두 사실을 바탕으로 학생들에게 현재의 상태와 필요한 전략들을 말해주는 것이 중요하다고 생각합니다. 자신의 수준이나 방향에 맞지 않는 것을 학생이 듣고 싶어 한다고 해서, 부모가 듣고 싶어 한다고 해서 사실과는 다른 격려를 하게 되면, 그것이 학생들에게 더 큰 상처가 되거나 장래를 계획하는 데 도움이 되지 않을 것이라고 생각합니다. 그래서 학생들에게 전문인으로 성장하고자 하는 성인으로서 자신을 잘 진단하고 미래를 잘 준비하라고 격려를 하고 있고, 그에 필요한 도움을 주려고 하고 있습니다.

그리고 저는 학생들의 성격도 주의 깊게 살펴보고 있습니다. 학생 중에 기억에 남는 학생이 하나 있었습니다. 예술을 하기에는 예술인스럽지 않다고 느껴지는 학생이었는데, 다른 학생들이 그 학생이 굉장히 개성이 있다고 말을 했습니다. 제 앞에만 오면 긴장을 하고, 땀을 막 흘려서 자신의 모습을 잘 드러내지 못하는 학생이었기 때문에 저는 그 학생을 제대로 판단할 수가 없었던 것입니다. 그러다가 자주 대화를 하면서 자신이 생각하는 장점은 무엇인지, 내가 보기에 가지고 있는 장점이나 보이는 모습은 무엇인지 등을 솔직하게 말했습니다. 학생들 중에는 반대로 독한 면이 있어서 자존심을 계속 자극해야 극적인 상승효과를 보여주는 학생들도 있습니다. 하지만 이 친구의 경우에는 반대였던 것입니다. 너무 순수해서 자신을 드러내는 것에 익숙하지 않았고, 긴장하는 자리를 어려워했습니다. 그래서 저는 그 학생이 마인드 컨트롤을 할 수 있도록 도움을 주었고, 장점을 말하면서 살릴 수 있도록 도와주었습니다. 그러면서 점점 그 학생이 자신을 보여줄 수 있었습니다. 나중에는 그 학생이 기말 시험에서 매우 좋은 성적이 나와 무척 기분이 좋았던 기억이 있습니다. 저희는 실기시험을 채점할 때 공정성을 확보하기 위해서 본인의 제자가 아닌 다른 제자들을 채점을 합니다. 그런데 그 학생이 무려 2등을 하게 되었습니다. 저는 이런 경험을 통해서 학생들의 성격을 고려하여 코칭을 하는 것이 중요하다는 생각을 더 하게 되었습니다.

다양한 학생들을 만나면서, 그리고 그들에게 음악을 가르쳐주면서 제가 하고 있는 일들에 대해 많은 생각을 해보게 됩니다. 학생들과의 만남을 통해 저는 점점 더 교육이 하나의 예술이라는 생각을 하게 됩니다. 앞으로 저의 학생들과 제가 또 만나게 될 학생들이 음악을 통해 자신을 찾고 자신의 삶을 완성해 나가는 예술을 경험하기를 바랍니다.

❝시대는 변해도 예술이 지향하는 바는 같습니다. ❞

변화하는 시대 속에서 음악은 어떤 역할을 하게 될까요? 현재의 음악교육이 나아가야 할 방향에 대해서 한 말씀 부탁드립니다.

　　　　　　　　　　많은 시간이 변해도 중요한 가치는 변하지 않는다고 생각합니다. 기술발전에도 불구하고 인문학을 찾는 이유가 있듯이 아무리 시대가 변하더라도 삶의 형태가 바뀔지언정 인간의 감정과 휴머니즘은 언제나 중요하고, 그것이 부족하다고 느껴질 때 더욱 갈구하게 된다고 생각합니다. 많은 사람들이 예술을 향유하는 보편적 삶이 되게끔 노력하는 사람들이 많은 이유는 인간의 삶을 다루고 있는 예술이 정서적으로 많은 영향을 줄 수 있기 때문입니다. 그런 점에서 앞으로 음악은 더욱 중요하게 다루어질 것이라고 생각합니다.

　　그리고 음악의 유형이나 형태, 경향 등에 대해서 말씀드리자면, 10년 후에 아무리 시대가 발전해도 기본적인 가치들은 변하지 않을 것이라고 말하고 싶습니다. 물론 실험적이고 창조적인 도전들이 많이 있겠지만, 전통적인 것들에 대한 가치를 상실하고서는 그러한 도전들이 힘을 얻기는 어려울 것입니다. 가벼운 예로 섞어찌개를 하더라도 된장찌개와 김치찌개를 각각 잘 끓여야 더 맛있는 섞어찌개를 만들 수 있듯이, 시대가 변하더라도 기본은 중요한 것입니다. 그래서 저는 음악교육 역시 시대의 변화를 읽을 필요는 있지만 오랜 시간 다져진 전통적인 가치들이 퇴색되어서는 안 된다고 생각하고 있고, 오히려 더 중요할 것이라고 생각합니다.

　　또한 앞으로도 제가 하는 음악, 그리고 제가 가르치는 학생들이 하는 음악이 사람들에게 힘이 되고, 위로가 되고, 삶을 풍요롭게 하는 역할을 할 수 있기를 바랍니다. 그리고 앞서 말씀드렸듯, 모든 학생들이 다 음악인의 길을 걷지 않는다고 하더라도 음악이 삶의 척추가 되어 그의 인생을 지탱해 줄 수 있기를 바랍니다. 그것이 예술교육의 가치라고 생각하니까요.

언어와 음악은 서로 깊이를 더하는 예술이다. 언어를 통해 음악은 더욱 깊은 가치와 정신과 배경을 지닌다. 음악을 통해 언어는 정서라는 옷을 입고 인간의 영혼을 두드린다. 언어와 음악 모두를 중시하며 철저히 가르치는 류현승 교수가 말했던, '교육 또한 예술'이라는 말은 논리 면에서도 손색없는 명제다.

시간이 지나도 달라지지 않는 가치가 있듯, 예술 또한 형식은 다양해지더라도 그 안에 달라지지 않는 소중한 가치가 있다. 그 가치를 학생 개개인이 각자의 삶과 내면에 어떻게 연결할 수 있을까? 혹독한 스파르타식 훈련을 지향하는 류현승 교수이지만, 그 방법을 어떻게 가르치고 나눌지 끝없이 고민하기에 학생들은 그의 강의를 신뢰하고, 기꺼이 자신의 삶 속으로 소화하고자 오늘도 노력하는지도 모른다.

이
지
영

LEE JEEYOUNG

중국문화대학교 한국어문학과 조교수
서울대학교 국어교육연구소 선임연구원 역임
2004년 상명대학교 부임
(현) 교육대학원 외국어로서의 한국어교육전공 부교수

소통과 배려로
학생들과 함께
수업을 만들어
나가는 교수

그동안 많은 한국문학 작품이 노벨문학상의 문을 두드렸지만 후보에도 오르지 못했던 이유는 '언어' 때문이라고 많은 전문가들이 말한다. 아무리 좋은 작품이 나와도 한국어를 다른 나라 문화와 정서에 맞는 언어로 번역하기가 쉽지 않았다는 것이다. 2016년 한강의 소설 '채식주의자'가 맨부커상을 받을 수 있었던 이유도 번역, 즉 언어에 있었다고 한다.

이처럼 언어라는 것은 매우 섬세하게 다루어야 할 수밖에 없는 영역이다. 한 나라의 가치와 문화, 정서, 역사가 녹아있는 중요한 유산이기도 하다. 그래서인지 이지영 교수는 '한국어 교육은 외교 활동과도 같다.'고 말한다. 한국어를 잘 배운 외국인 한 명은 한국을 알리기 위한 수많은 노력보다 큰 효과를 낳기도 한다.

하지만 한국어를 그 나라의 언어로서 잘 받아들일 수 있도록 하려면 무엇보다 풍부한 대화가 끊임없이 필요하고, 그러려면 마음을 열고 소통하는 것이 무엇보다 우선하는 과제여야 한다.

학생들과 진정으로 소통한다는 것은 무엇일까? 그리고 그 방법은 또 무엇일까? 그 전략에 대한 실마리를 찾고자 외국어로서의 한국어 교육을 담당하는 이지영 교수의 수업 방식을 살펴본다.

배려와 소통

　　최근 대학교육을 질적으로 제고하기 위한 한 가지 방법으로 교수와 학습자 간 소통의 중요성이 더욱 확대되고 있다. 상호작용이 풍부할수록 학생들은 교수자와 학습 경험에 대한 인식의 차이를 좁히고, 적극적으로 학습에 몰입하게 되기 때문이다.

　　이지영 교수는 외국인 학생들이 겪는 한국어 공부에 대한 어려움을 해외에서 했던 교수 활동 경험을 통해 더 깊이 공감하게 되었다. 대학원에서 외국어로서 한국어 교육을 전공하는 학생들은 한국인 학생과 외국인 학생이 있으며, 다양한 전공 배경과 경험을 가진 학생들로 한국어 교육의 다양한 분야에 대해 관심이 깊다. 이지영 교수는 이처럼 다양한 배경의 학생들 모두의 입장에서 주체적으로 학습하고 스스로 발전하는 힘을 기를 수 있도록 항상 격려하고 있다. 외국인 학생들이 한국어로 표현하는 시간을 충분히 기다려주고 학생들의 배경과 수준에 맞춰 교재를 수정하는 작업까지 마다하지 않는다. 늘 친절하고 웃는 얼굴로 학생들을 배려하는 이지영 교수는 끊임없는 상담과 대화를 통해 교육과 논문 지도를 하고 있으며 한국어 교원 자격증과 같이 실질적인 부분까지도 도움을 주고 있다.

> **66 학생들이 하고 싶은 말을 표현할 때까지**
> **기다려주어야 합니다. 99**

교수님께서 맡고 계신 수업에 대해서 간략하게 설명을 부탁드립니다.

　　　　　　　　저는 교육대학원 외국어로서의 한국어 교육 전공에 재직하고 있으며 주로 교육대학원과 일반대학원에서 한국어 교육 관련 강의를 하고 있습니다. 제가 담당하고 있는 강의는 외국인 학생들에게 한국어를 가르치는 한국어 교원을 양성하기 위한 교육과정에 제시된 강의들입니다.

　　대학원에서는 '한국어 교수법, 한국어 문법교육론, 한국어 표현교육론, 한국어 이해교육론, 한국어 교재연구 및 지도법, 한국어 교육연구방법론, 한국어 문법론, 한국어 의미론, 한국어 화용론, 외국어로서의 한국어학' 등의 강의를 하고 있습니다. 제가 하고 있는 강의는 한국인 학생과 외국인 학생들이 함께 수강하고 있으며 외국인 학생들을 한국어 교원으로 양성해야 한다는 점에서 다른 강의와는 차이점이 있습니다. 또한 학부에서는 '대화와 자기표현'이라는 강의를 진행하고 있는데 외국인 학생들만 수강을 할 수 있습니다. 이 강의에서는 주로 말하기와 듣기를 중심으로 외국인 유학생들에게 학문목적 의사소통 능력을 향상시켜 주기 위한 다양한 활동을 하고 있습니다. 곧, 의사소통 중심 교수법과 과제 중심 교수법을 학문목적에 맞게 적용하여 강의를 구성하고 있습니다. 교수자와 학습자가 다른 모국어를 가진 채 수업을 한다는 생각에 어떻게 가르쳐야 하는지에 대한 고민을 오랜 시간 동안 해 왔고 그 부분을 강의에 반영하려고 노력해 왔습니다.

학생들이 어떻게 구성이 되어 있습니까?

대학원에는 한국인 학생과 외국인 학생이 있고 다양한 학부 전공자들이 입학하여 한국어 교원이 되는 과정의 강의를 수강합니다. 한국어 교육과 관련이 깊은 한국어와 외국어 전공을 비롯하여 미술, 무용 등을 전공한 학생도 있습니다. 또한 한국인 학생들 중에는 다문화 가정 학생들에 대한 관심이 많고, 실제로 다문화 관련 센터에서 이주 여성들을 가르치거나 해외에서 외국인들을 대상으로 한국어를 가르치고 싶어 하는 학생들도 있습니다. 외국인 학생들은 주로 중국, 베트남, 태국, 몽골 등에서 대학교 과정을 마치고 유학을 온 경우가 많습니다. 물론 한국에서 대학교 학부를 마치고 대학원에 입학하는 경우도 다수 있습니다.

따라서 이러한 다양한 배경의 학생들을 고려하여 강의 콘텐츠를 구성하고 있습니다. 한국인 학생의 경우에는 전공 배경에 대한 고려가 중요하지만, 외국인 학생의 경우는 전공에 대한 부분은 물론 한국어 능력 향상도 고려해야 한국어 교원으로서의 한국어 능력과 한국어 교육 능력을 갖출 수 있습니다. 곧 외국인 학생은 한국어 능력 향상과 한국어를 가르칠 수 있는 능력을 갖추는 두 가지 목표를 이

———— 이지영 교수의 인터뷰 모습

루기 위해 노력하고 있기 때문에 그러한 부분을 고려하여 강의 내용을 구성하고 있습니다.

외국인 학생들을 대하는 데 있어서 특별히 신경써주시는 부분이 있나요?

외국인이기 때문에 생기는 불편함에 대해서 많이 고민을 합니다. 그리고 외국인 학생이 아는 내용을 충분히 한국어로 표현할 수 있도록 많이 기다려주고 도와주려고 합니다.

대학원 수업 시간에 한 중국인 학생에게 교재 분석을 시킨 적이 있는데, 어떤 학교에서 사용하고 있는 교재의 중국어 번역이 잘못됐다는 것을 발견하고, 교재의 설명이나 예시를 수정해서 새로 개작하는 내용에 반영했습니다. 또한 중국인 학생에게 필요한 내용이 무엇인지 더 잘 알기 때문에 그러한 부분은 도움이 될 수 있었습니다. 즉, 외국인 학생들이 한국어가 서툰 것이지 다른 능력이 부족한 것이 아니기 때문에, 한국어를 못하기 때문에 발생하는 불편함이나 편견은 가지지 말아야 합니다. 그래서 저는 학생들이 가진 배경 지식을 충분히 끌어낼 수 있도록 노력합니다. 표현하는 방법 중의 하나인 한국어를 이용함에 있어 어려움이 있는 것일 뿐, 자신이 표현하고자 하는 것과 내용에 있어서는 손색이 없다고 생각하기 때문입니다. 그리고 외국인 학생들을 가르치려면 참을성, 인내력이 있어야 합니다. 강의 시간에 학생들이 하고 싶은 이야기를 표현할 때까지 기다려주어야 합니다.

1994년부터 외국인 학생들을 가르치니, 기다려 주는 것이 얼마나 중요한지를 알게 되었습니다. 긴 기다림 후에 듣는 외국인 학생들의 답변은 창의적이기도 하고, 많은 고민을 한 후 내린 답변인 경우가 많습니다. 한국인 학생들도 마찬가지입니다. 요즘에는 한국인 학생들도 어느 정도 할 때까지 기다려주는데, 그러고 나면 스스로 학습을 통해 완성도 높은 결과를 만들어 내는 것을 보게 되었습니다. 교수활동 초기에는 지식을 많이 주려고 했던 것 같은데, 지금은 학생들이 놓치고 갈 수 있는 부분, 조력이 필요한 부분을 찾아서 도움을 주려고 하고 있습니다. 저도 외국어를 배울 때 입이 쉽게 떨어지지 않던 적이 많았는데 그런 것들을 떠올리면서 항상 이해해주려고 하고 있습니다.

그리고 교육과정에서 실질적으로 학생들에게 필요한 것들이 무엇인지 파악을 해서 도움을 주려고 하고 있습니다. 예를 들면, 학생들이 졸업 후에 한국어 교사로서 활동을 하기 위해서는 교사 자격증이 있어야 하기 때문에 이 부분을 효과적으로 달성할 수 있도록 도와줍니다. 또 외국인 학생이 한국어 교사자격증을 취득하기 위해서는 한국어능력시험인 토픽 6급을 먼저 취득해야 하기 때문에, 이 부분에 대해서도 도움을 주곤 합니다. 제 수업에 들어오는 학생들이 외국인이 많다는 점과 특수한 목적을 가지고 있는 학생들이 많다는 점을 고려하여, 상담과 대화를 통해 필요한 부분에 대한 니즈를 파악하고 수업 외적으로도 다양한 도움을 주기 위해 노력하고 있습니다.

미국, 대만 등 해외에서 활동하신 경험이 있으신데, 이것이 현재 교수님이 하시는 수업에 영향을 주었나요?

처음 1993년에 학부강의를 시작하면서 대학 국어를 가르쳤습니다. 지금 '사고와 표현 강의'라고 할 수 있겠는데요, 그 때는 한국 대학생들에게 교양 국어를 가르쳤습니다. 그 후 미국에 visiting scholar로 갔다가 우연히 UCSB 학부 학생에게 한국어를 가르치게 됐습니다. 교양 영어, 교양 불어처럼, 그 곳에서 교양 한국어를 가르치게 된 것입니다. 그 때는 한국어 교재가 특별히 쓸 수 있는 것이 없어서 제가 나름대로 가지고 있는 자료들을 급하게 조합해서 수업 자료 겸 교재로 만들어 가르치게 되었습니다. 그 당시 제가 가르쳤던 학생들은 교포 학생들이 많았기 때문에 한국어를 약간 알지만 완전하지 않은 이들에게 정교하게 가르치는 방법을 알게 된 것 같습니다. 그 후 한국에 와서 1996년부터 2004년까지는 한국외국어대학교 한국어학당에서 한국어를 가르치면서 외국인을 대상으로 하는 한국어 교육의 내용과 방법에 대해 더 연구하게 되었습니다. 한국어학당 수업이 오전 9시에서부터 오후 1시까지 4시간동안 진행이 되었는데, 50분씩 말하기, 듣기, 읽기, 쓰기를 했었습니다. 한국어학당에서의 교육 경험이 현재 예비 교원인 대학원 학생들을 가르치는 데에 도움이 많이 되고 있습니다. 그 사이에 2001년부터 2003년까지 대만에 가서 한국어과 학부 학생들에게 한국어 말하기와 듣기, 대학원 학생에게 한국어 문법론, 한국어 의미론, 한국어 화용론 등의 강의를 했습니다. 제가 이렇게 경험을 해보니 같은 한국어 교육이라 하더라도 대학원과 학부, 한국어학당에서 이루어지는 것이 각각 다르고, 학습자의 모국어가 무엇이냐에 따라 접근하는 방식이 모두 다르다는 것을 알게 되었습니다. 지금도 함께 대화하고 소통하면서 서로 배운다는 생각이 듭니다. 또, 이러한 경험을 통해서 학생들이 가진 한국어 수준에 따라 학위 논문을 작성하는 데에 어떤 방법으로 접근하여 지도하여야 하는지에 대한 감도 생긴 것 같습니다.

외국인 학생들이 중간에 학업을 포기하는 경우도 있습니까?

제가 지도한 학생 중에서 외국인 학생이 학업이나 졸업을 포기한 경우는 없는 것 같습니다. 논문을 5학기 때 쓰도록 되어 있는데, 1학기를 더 다니면서라도 논문을 마칠 수 있게끔 여러 번 지도를 해주고 있기 때문입니다. 수업에 대한 내용도 상담을 많이 하고 있고, 논문 지도를 개별적으로 해주고 있어서 중도 포기를 하는 외국인 학생들은 없었습니다.

> f 학생들이 질문하기에 편안한 분위기를 만들어 주어야 합니다. ™

학생들이 교수님 강의에서 어떤 부분에 만족한다고 생각하십니까?

학생들에게 직접 묻거나 따로 강의에 대한 만족도를 조사하지는 않지만, 강의평가의 내용을 확인해보면 '친절하다.'라는 표현이 많이 있습니다. 아마 제가 소통을 많이 하려고 하다 보니 친절하다는 표현을 통해서 제 강의에 대해 만족하는 부분을 표현했다고 하는 생각이 듭니다. 오랜 기간 외국인 학생을 가르치다 보니, 학생들의 어려움을 많이 이해하고 있고, 학생들의 참여를 유도하기 위해서 최대한 편하게 웃으면서 대하기 때문에 어려움 없이 저와 대화를 하는 것 같습니다. 언어를 배울 때는 긴장하지 않고 틀리더라도 민망해지지 않는 것이 중요한데, 편한 분위기로 수업을 하기 때문에, 학생들이 모르거나 틀릴 때에도 그것을 스트레스로 느끼기 보다는 부족한 부분을 알게 된다고 고쳐나가는 것이라고 느끼는 것 같습니다. 대화와 소통을 하는 분위기를 형성하는 것이나, 학생들이 외국인이기에 모를 법한 것들에 대해 잘 알고, 그것을 명확하게 이해할 수 있도록 도와주는 것에 만족한다고 생각합니다.

수업 중 학생들의 질문을 받을 때 질의응답을 어떻게 진행하시는지 궁금합니다. 특별한 노하우가 있으신가요?

학생들에게 질문하라고 하지만, 학생들이 질문을 잘 하지 않을 때에는 제가 먼저 질문을 통해 학생들이 어려워할 수 있는 부분이나 잘못 이해할 수 있는 부분을 잘 알고 있는지 구분하는 방법을 택하기도 합니다. 그리고 학생들이 질문을 할 때 그 질문이 맞는지 한 번 더 확인하는 작업들도 합니다. 언어라는 것이 섬세하기 때문에 단어 하나에도 다양한 해석이 가능하기 때문입니다. 또, 학부 강의의 경우 강의실이 크고 학생들은 많기 때문에 거리상 멀어서 학생들이 민망해서 질문하지 못하거나 서로 질의응답하는 것이 잘 안 들릴 수도 있기 때문에 제가 교단에서 내려와서 자주 학생들 사이를 왔다 갔다 하는 편이고, 최대한 학생들이 질문하기에 편안한 분위기를 만들어주려고 합니다.

함께 만들어 나가는 수업

이지영 교수는 한국뿐만이 아니라 미국, 대만 등에서 수업을 했던 경험이 있다. 교양 한국어를 가르칠 교재가 특별히 없어서 직접 만들어 쓰기도 했다. 또한 한국어학당, 서울대 국어교육연구소 등에서 한국어 교재를 연구했다. 이런 다양한 경험을 통해 학생들이 한국어 원리나 한국어를 배우기 위한 지식 체계를 어떻게 갖추어야 할지에 대한 감각, 전략 구축에 큰 도움을 받았다. 이지영 교수는 학생들이 지닌 다양한 배경과 관심 주제를 고려하여, 기초 배경지식부터 지식을 활용하는 방안까지 함께 수업을 만들어 가고자 한다. 국립국어원 기준에 따라 과목이 지정되지만, 주요 내용은 직접 구성한다. 한국어 교육 관련 연구 결과를 늘 최신으로 업데이트하며, 학생들을 일일이 만나 배경지식을 확인하고 교재와 수업을 언제든 조정하는 방식으로 함께 만들어간다. 한국어를 배우는 동시에 한국어를 가르치는 방법을 배워야 하는 학생들에게는 매우 절실한, 열린 교육 방식이다.

> ❝학생들을 직접 만나 보고
> 그에 맞추어 수업을 만들어나갑니다. ❞

다양한 배경지식과 국적을 가진 학생을 대상으로 수업을 하시는데, 특별히 교수님 수업이 차별화되는 부분은 무엇이라고 생각하십니까?

한국뿐만이 아니라 미국, 대만 등에서의 수업 경험이 있습니다. 그러한 경험은 학생들이 한국어의 원리나 한국어를 배우기 위한 지식체계를 어떻게 만들어 나가야 하는지에 대한 감각과 전략을 다듬어 가는 데 큰 도움이 되었는데, 그러한 점이 콘텐츠를 구성해 나가는 데 특별한 장점이 되는 것 같습니다. 예를 들어, 외국에서 가르칠 때는 한국에 대해서 잘 모르는 학생들에게 한국 생활에 대한 구체적인 부분까지 의사소통 상황에 반영하는 것은 별로 효과적이지 않습니다. 그럴 경우에는 학생들이 공감하고 경험할 수 있는 다른 상황으로 교체하거나 그러한 경험을 간접적으로 할 수 있도록 교육 콘텐츠를 구성합니다.

저는 2002년부터 2004년까지 서울대 국어교육연구소에서 선임연구원으로 한국어 교재 100년사 연구라는 프로젝트를 진행하면서 초기 한국어 교재부터 시작하여 다양한 한국어 교재에 대해 연구를 했었습니다. 그러한 경험이 '한국어교재연구 및 지도법'이라는 강의를 진행하면서 많은 도움이 되었습니다. 이와 같이 제가 한국어 교원으로서 국내·외에서 강의했던 경험과 연구 활동은 이상적인 한국어 교원에 대해 대학원 학생들에게 다각도의 조언을 해줄 수 있는 바탕이 되기도 하였습니다.

어떤 방법과 전략을 가지고 수업을 설계하시는지 궁금합니다.

사범대학도 교육부에서 지정하는 과목이 있는 것처럼 한국어 교육 분야에서도 특정한 교육과정에 맞추어서 수업을 구성하게 되어 있습니다. 따라서 국립국어원에서 지정하는 기준에 따라서 교과목을 개설하게 됩니다.

대학원 강의는 이론, 연구, 교육 현장에의 실제 적용 등과 같이 세 가지 측면을 고려해서 구성하고 있습니다. 먼저 한국어 교육 이론 강의는 이론서와 연구 논문을 통해 강의, 문제 제기 및 토론, 연구 방향 및 방법을 제시하는 것으로 구성합니다. 나아가 한국어 교육에의 적용 및 응용을 위해 교육 방안을 제시하거나 교재 개작 및 개발 등과 같은 내용을 중심으로 기존의 연구 결과를 살피고 학생들이 자신의 연구 방향을 정할 수 있도록 유도합니다. 나아가 학위논문 작성을 위한 기초 훈련의 하나로 연구 보고서를 작성하도록 합니다.

국립국어원에서 지정하는 교과목에 맞는 강의 주제를 중심으로 첫 주부터 마지막까지 그 내용이 잘 배분될 수 있도록 하고 있습니다. 그리고 그와 관련한 교재를 선정한 후, 각 단계마다 최신 이론이나 논문들을 추가 자료로 제공하고 있습니다. 언어라는 것이 계속 변화하는 것이고, 언어를 잘 전달할 수 있는 방법들, 사례, 예제 등이 계속 바뀌기 때문에 매 학기 수시로 점검하여 콘텐츠를 업데이트 할 수 있도록 노력하고 있습니다.

또한 대학원 학생은 3~4학기 정도가 되면 학위논문을 써야 하기 때문에 논문을 쓸 때까지의 과정을 수업 중에 잘 잡아주어야만 합니다. 자신의 생각이나 관점이 잘 녹아들 수 있는 논문이 나올 수 있도록 다양한 것들을 알려주고 있습니다.

수업은 어떤 방식으로 진행이 되는지 구체적으로 알고 싶습니다.

아무래도 대학원 수업이기 때문에 한 수업에서 진도로 나가는 교재 내용 외에 관련되는 연구 내용이 반영된 논문 자료를 함께 발제하여 발표하고 토론과정을 통해 현황과 문제점, 해결 방안을 찾아나가는 방법으로 운영합니다. 이때 논문은 최근 트렌드를 많이 반영하고, 이슈가 되어 중요한 자료라고 판단되는 것으로 선택을 합니다. 많은 논문을 다루면 다룰수록 좋긴 하겠지만, 학생들의 역량차가 있기 때문에 다루게 되는 논문의 편수는 그 수업에 참여한 학생들의 배경에 따라 달라집니다. 수업에서 학생들이 발표를 하게 되고, 이에 대한 질의응답 및 논의를 진행합니다. 그리고 나서 수업을 진행하고, 질의응답에서 나온 이야기들을 바탕으로 제가 수업을 하면서 조금 더 심화된 내용을 설명해 줍니다. 최종적으로 학생들은 마지막 과제를 통해 배운 내용들을 응용하여 자신이 궁금해 하는 주제에 대해서 더 심도 있는 연구를 하고, 그 결과를 제출하게 됩니다.

국립국어원에서 15주에 해당하는 학습내용을 다 지정해주나요?

아닙니다. 국립국어원에서는 과목만 지정해 주고 있고, 주요 내용은 제가 직접 구성합니다. 교과목의 특성에 따라서 내용을 구성하게 되는데 '한국어 문법론, 한국어 의미론, 한국어 화용론'과 같은 강의는 대체적으로 한국어에 대한 지식이나 한국어를 이해할 수 있는 원리를 중심으로 구성하고, 나아가 한국어 교육에 응용할 수 있도록 하고 있습니다.

저는 강의계획서를 작성한 이후에 수강 신청한 학생들의 배경에 따라서 주교재와 부교재를 수정 보완하는 편입니다. 학생들을 만나서 배경지식을 확인하고 조정을 하는 경우가 있습니다. 예를 들어 '한국어문법교육론' 강의에서 학생들이 문법에 대한 선행 학습이 있으면 한국어 문법교육에 대한 교재를 주교재로 선정하는데, 문법에 대한 학습 배경이 없는 학생들이 수강할 경우 한국어 문법교재를 부교재로 선정하여 보완을 하고 있습니다. 문법지식과 문법교육 방법에 대해 집중적으로 가르치고, 마지막 14~15주는 앞에서 배운 문법과 문법교육을 응용해서 한국어 학습자를 가르치는 방법에 대한 연구 발표를 합니다. 이와 같이 학생들이 가진 배경과 지식 수준, 그리고 나아갈 방향에 따라서 수업을 함께 만들어 나가고 있습니다.

'한국어교재연구 및 지도법' 강의의 경우에는 교재를 선정하고 그 교재에 나오는 주제들을 10주 정도 다루게 됩니다. 그리고 매주 각 주제와 관련이 있는 논문을 3~4편씩 정해 발표를 하고 논의를 하는 시간을 갖습니다. 박사 과정 학생이 많은 경우에는 학생들이 연구 주제로 생각하는 주제가 확실히 있기 때문에 수업에서 다룰 일부 논문만 일부 정해주고, 학생들이 관심을 가지고 있는 논문들 중 2~3편 정도를 선정하여 공유하는 식으로 진행을 합니다. 11, 12, 13주차에는 다양한 한국어 교재를 분석하면서 교재의 특징을 파악하고, 14, 15주차에는 배운 내용들을 바탕으로 학생들이 교재의 한 단원 정도를 직접 만들어보도록 하고 있습니다.

대학원 강의에서는 학기말에 학생들의 연구 내용을 발표하도록 진행하는데, 이 연구 발표를 준비하기 위해서 중간고사 기간에 연구계획서를 작성해서 제출하도록 합니다. 수업 내용을 기반으로 학생들이 하고 싶은 연구 주제를 선정하여 구체적인 연구계획서를 내도록 하고, 이것에 대한 피드백을 진행합니다. 하지만 1학기 과정생인 경우, 아직 연구하는 훈련이 덜 되어있기 때문에, 최근 경향의 논문을 골라서 선행연구를 정리하듯이 작성을 해서 발표를 하도록 합니다. 그러면 2-3학기가 되었을 때 스스로 주제를 정해서 자신의 연구를 진행할 수 있게 됩니다.

내용적인 측면으로 놓고 보면, 제가 하는 수업의 주요 내용은 '외국인에게 가르치기 위한 한국어에 대한 지식'과 '한국어를 효과적으로 가르치기 위한 교육 방법'으로 구분될 수 있을 것 같습니다. 그래서 이 두 가지를 모두 수업에서 다루어야만 합니다. 대학원생들이 예비 교원으로서 한국어에 대한 이해도 필요하고 그것을 학습자에 맞게 효과적으로 가르칠 수 있는 능력이 필요하기 때문입니다.

외국어로서의 한국어 교육 전공은 단순히 언어 교육을 전공하는 곳이 아니라 '우수한 한국어 교원 양성'에 초점이 있습니다. 그래서 학기말에는 학생들이 다양한 한국어 교육 현장에서 한국어를 잘 가르칠 수 있도록 적용하고 응용할 수 있는 능력을 키우고 구체적인 성과가 나올 수 있도록 수업 구성을 하고 있습니다.

외국어로서 한국어를 배우고 또 그 한국어를 교육하는 방법을 배우기란 쉬운 공부가 아니다. 의사소통 중심 교수법과 과제 중심 교수법을 동시에 수행해야 하는 강의도 결코 쉽지 않다. 그런데 이지영 교수가 가르친 학생 가운데 학업이나 졸업을 포기한 외국인 학생은 없다. 늘 소통하고 자주 상담하며 개별 논문 지도를 하는 진심을 다하기 때문일 것이다. 한국어를 못하는 것은 당연하기 때문에 그로 인해 불편하지 않도록 참고 기다려주면 그만큼 더 창의적이고 진중한 답변이 돌아온다. 이지영 교수는 논문 발제도 미리 받아서 학생의 현재 상태를 파악하고 부족한 부분을 최대한 채워주는 수업을 진행한다. 공부뿐만 아니라 외국인 학생들이 한국에서 생활하고 취업하고 결혼, 출산 등 살아가는 부분까지 두루 상담하고 의견을 나눈다.

　　융복합 시대, 국경을 허무는 민간 외교관으로서의 역할까지 이지영 교수는 학생들과 함께하고 있는 것이다. 그 비결은 활발한 소통과 진심을 다한 배려이다.

정
유
선

JUNG
YOUSUN

상명대 한중문화정보연구소 연구교수 역임
2010년 상명대학교 부임
(현) 사)아시아문화콘텐츠연구소 자문위원 등
　교육대학원 중국어교육전공 조교수
　외국인유학생상담센터 소장

'깊고 넓은 지성'을 갖추도록 사고하는 힘을 키워주는 교수

'문송합니다'('문과생이라서 죄송합니다'의 줄임말)가 슬픈 농담으로 오가는 시대이다. 취업 준비생들에게 취업은 높은 벽으로 다가온다. 그 벽이 문과생에게는 유독 더 높아 보이는 이유는 인문학의 위기와도 맞물리는 듯하다. 그러나 수년 전부터 인문학이 서서히 부흥하기 시작했고, 수많은 학자와 전문가들도 학문 분야에서뿐만 아니라 개개인의 일상과 삶, 사회에도 인문학의 역할이 가장 중요하다고 역설한다. 그 이유는 바로 '인문학은 스토리를 만들어낼 수 있기 때문'이다. 세상을 뒤흔든 인물 중 하나인 미국 애플사의 창업자 스티브 잡스는 실제로, 컴퓨터 지식이 월등한 인물이라기보다는 탁월한 직관을 지닌 몽상가이자 다양한 사고를 실행하는 수완가였다. 마찬가지로 구글, 애플, 아마존, 스페이스, 우버, 디즈니랜드, 스타벅스 등 영향력이 높은 기업을 살펴보면, 그들의 성공은 단순히 기술이 아니라 '스토리'가 이끌어 왔다.

기술은 계속 발전하지만 국가 간, 기업 간 기술 격차는 점차 좁혀지고 있다는 점을 고려할 때 오히려 생존을 위한 차별성을 부여하는 지점은 인문학에서 출발한다. 즉, 인문학적 소양으로부터 출발한 한 끗이 성패를 좌우하는 한 수가 될 수 있다. 이런 의미에서 사고하는 능력을 길러주기 위해 노력하는 정유선 교수의 수업은 '문송 시대'에 인문학 수업이 가야 할 방향에 대한 통찰을 전한다.

스스로 과제를 해결하며 사고하는 수업

　　지식을 얻는 방법은 다양하다. 책을 통할 수도 있고 때로는 동료들의 '왜?'라는 질문 한마디가 더 많은 것을 깨닫게 할 수도 있다. 이때 학생들이 자신의 생각을 표현하고 서로 다듬어 갈 수 있는 규칙과 분위기를 만들어주는 것이 무엇보다 중요하다. 정유선 교수는 강의 전에 우선 학생들이 해당 주차의 수업 내용과 관련한 주제에 대해 미리 브레인스토밍을 하고 각자 스스로 생각을 정립할 수 있는 시간을 갖도록 해 사고력을 향상시키고자 한다.

　　또한 '워크수업' 중 과업 중심 교수법을 통해 여러 주제를 먼저 제시해준 뒤 다양한 자료를 다양한 매체를 활용해 찾아 정리, 논의, 발표한 뒤 정유선 교수가 강의를 진행한다. 이 워크수업을 도입한 뒤 방과 후 과제는 내지 않고 대신 수업하면서 함께 과제를 해결하는 방향으로 바꾼 것이다. 발표 수업을 활성화했다 해도 어디까지나 기본 지식도 중요하기 때문에 필기시험을 보고 퀴즈도 곁들이며 학생의 학습 방향과 과정을 점검한다.

> ❝ 'A = B다'를 외우는 것이 중요한 것이 아니라
> 　　'A가 왜 B가 되는지'를 사고할 줄 아는 게 중요합니다. ❞

수업에서 교수님께서 가장 강조하는 부분은 무엇이고, 어떤 부분에서 많은 노력을 기울이고 계십니까?

　　　　　　　　　　제 수업에는 두 가지의 포인트가 있다고 생각합니다. 첫 번째는 질문을 통해 사고력을 향상시키는 것입니다. 질문의 방향은 '교수가 학생에게 그리고 학생이 학생에게'와 같이 두 방향으로 이루어집니다. 저는 수업 시간에 학생들이 사고를 할 수 있도록 자꾸 질문을 합니다. 'A = B다'라고 무조건 외우는 것이 아니라, 그 연관관계에 대해서 생각을 하는 것이 중요하다고 생각하기 때문에, 답을 요구하는 수업이 아니라 사고를 할 수 있도록 도움을 주는 수업이 되고자 합니다. 그리고 제 질문은 학생들이 사고를 하되 사고의 범위가 해당 주차 수업 내용을 벗어나지 않도록 하는 장치이기도 합니다. 그리고 학생과 학생 간의 질문은 같은 눈높이의 질문을 통해 학생

스스로 자신의 사고 수준과 수업 내용에 대한 이해 정도를 파악하기 위함입니다.

두 번째는 수업의 맥락과 요점을 찾고, 이를 자신 안에서 녹여 표현하는 능력을 길러내는 것입니다. 의외로 주제를 찾는 것이 어렵다고 느끼는 학생들이 많기 때문에 반드시 진행해야 할 훈련이라고 생각합니다. 이와 동시에 찾은 주제 또는 자신의 의견을 표현할 수 있는 능력을 기르도록 해주는 것입니다. 저는 발표수업을 통해서 이러한 능력을 길러주려고 합니다. 따라서 수업을 하면서 많은 대화 혹은 토론을 통해 상대방의 말, 글, 이야기, 사건, 상황 등의 다양한 콘텐츠 속에서 그것이 전달하고자 하는 핵심이 무엇인지를 찾고, 그것을 또 정확하게 표현할 수 있도록 유도합니다. 학생이 말하고자 하는 포인트가 무엇인지, 어떤 부분에서 전달하고자 하는 의미를 찾을 수 있는지 등을 질문하면서 훈련을 많이 하는 편인데, 토론과 같은 다양한 활동 등을 통해서 이러한 능력을 가질 수 있도록 도와줍니다.

활동수업에 대해서 조금 더 자세히 말씀해주실 수 있나요?

저는 워크수업이라는 표현을 사용하는데, 바로 과업 중심 교수법을 활용한 수업이라고 할 수 있습니다. 학생들에게 먼저 몇 가지 주제를 던져 주고 이에 대해 자료를 찾고 정리하고 논의하고 발표하도록 한 후에 교수가 강의를 진행하는 수업방식을 말합니다. 학생들에게 제가 먼저 강의를 제공할 경우에는 학생들이 생각하는 시간이나 자신의 생각을 표현하는 시간보다는 제가 알려주는 지식을 그냥 주입하게 될 가능성이 더 많습니다. 그래서 저는 대부분의 수업에서 학생들이 먼저 워킹을 하도록 하고, 이에 대해서 서로 질의응답을 하는 시간을 줍니다. 그런 다음, 제가 연관 지식에 대해서 전체적으로 종합적인 설명을 하고, 꼭 알아야 할 지식이나 워킹 과정에서 학생들이 잡아 내지 못했던 중요점 등에 대해 피드백을 주는 방식으로 수업을 진행합니다. 제 수업이 3시간짜리 수업이라고 하면, 1~2시간 정도는 워크수업을 하고 1시간은 워크수업과 연관지어 강의를 진행하고 있습니다.

워크수업을 할 때에는 학생들이 휴대 전화, 노트북 등 다양한 매체를 활용해서 검색을 할 수 있도록 해줍니다. 그 자리에서 몇 가지 주제에 대한 생각을 정리하거나 답을 얻기 위해서는 아무래도 책만 보는 것으로는 한계가 있고, 제가 학생들에게 바라는 것 역시 암기가 아니기 때문에 효과적인 정보습득과 분류를 위해서 다양한 매체를 자유롭게 사용하게 해줍니다. 이는 제가 제시한 것을 정보의 바다에서 정확하게 파악하고 요점을 설정하고 표현하는 것을 훈련하기에 좋은 방법이라고 생각합니다. 아마 이러한 부분 때문에 학생들이 관심을 갖는지 모르겠습니다.

모든 수업이 선先 워킹, 후後 강의로 진행이 되나요? 수업 규모에 따라서 학생 특징과 분위기가 굉장히 다를 것 같은데 수업에 따라 강의 방법이 달라지는지 궁금합니다.

　　　　　　　　　네. 거의 모든 수업을 그렇게 진행하려고 노력하는 편입니다. 현재 교양강의는 100명 정도, 전공수업은 50~60명 정도 참여하고 있는데, 학생들이 많으면 강의 시간을 더 많이 늘리고 토론 시간을 줄입니다. 한 주 수업 분량 안에서 보통 절반 정도 또는 그보다 조금 더 워킹에 집중하려고 하지만, 인원 수가 많은 경우에는 워킹의 시간을 줄입니다. 어떤 주제에 포인트를 주고 학생들이 서치와 발표를 먼저 하는 워크수업을 전체 차시 중에 최대한 적게 구성하려고는 하지만 보통수업과 마찬가지로 학생들이 한 발표와 질의응답을 듣고 나서 제가 부족하다고 판단되는 부분에 대해 피드백을 먼저 해주고, 강의를 추후에 진행하고 있습니다. 물론 매주 내용에 따라 혹은 현장에서 학생들의 이해 정도와 반응에 따라 조금씩 변동되기도 합니다.

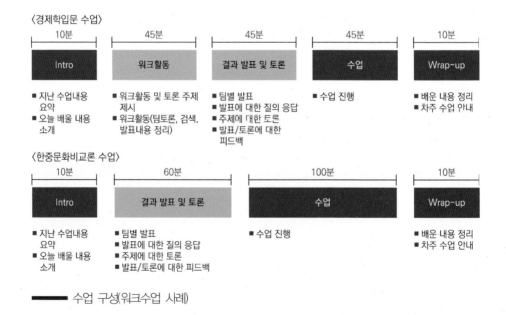

수업 구성(워크수업 사례)

처음부터 발표와 토론을 중심으로 수업을 운영하셨나요?

아니요. 처음에는 무조건 일방향의 강의로 진행했습니다. 사실 주입식 강의를 하는 것이 저에게는 편하기도 했고, 수업을 어떻게 해야 할지 잘 몰랐던 부분도 많았던 것 같습니다. 고민만 많았던 것 같아요. 그러다가 2010년 우리 대학 교육대학원 중국어교육전공에 부임하면서 중국어교수법 수업을 맡게 되었습니다. 교직을 하는 아이들을 대상으로 하는 수업이었는데, 그때부터는 먼저 학생들에게 수업 내용을 가장 효율적으로 학습할 수 있는 과제를 주고 발표하게 한 뒤, 제가 그 모든 과정에 대해 코멘트를 하는 수업방식으로 바뀌었습니다. 물론 그 수업은 교직이라는 전문 영역을 공부하고자 하는 학생들을 대상으로 한 수업이기는 했지만, 수업을 하다 보니 일반 교직 외의 수업에서도 좋은 방향으로 활용할 부분이 많을 것 같다는 생각이 들었습니다. 그래서 2010년도부터는 워크수업을 시작하게 되었습니다. 그 전까지는 주로 제 주도로 이끌었던 강의에서 학생들과 조금씩 밸런스를 융통성 있게 맞추면서 학생들의 워킹과 제 강의를 함께 진행했던 것 같습니다.

그렇다면 평가방법에도 변화된 부분이 있습니까?

네, 학생평가 방법도 많이 바뀌었습니다. 처음에는 외운 것을 확인하는 평가방법만 진행했었는데, 2010년도를 기점으로 바뀌었습니다. 그 전까지는 강의식 수업만 했었고, 교수 초기에는 사고력을 기르고 발표하도록 한다는 것에 대해 필요하겠다고 생각은 했었지만 실제로 시도는 하지 못했습니다. 외국어 수업이라는 이유도 있었지만 제가 강의 경험이 많지 않았기 때문입니다. 그래서 그때는 수업내용을 많이 기억하느냐에 대한 평가만 진행을 했었는데, 2010년부터는 보고서와 발표 수업 중 학생들의 참여도와 발표력, 사고력 등에 대한 평가를 포함하여 진행을 하게 되었습니다.

그리고 지금은 워크수업을 진행하면서 수업시간 외에 진행하는 과제는 학생들에게 주지 않습니다. 방과 후에 혼자하는 과제를 내주는 것 대신에 그 과제를 수업 안에서 팀원들과 같이 해결할 수 있도록 방향을 바꾸었다고 보시면 될 것 같습니다. 즉, 학생들이 그 자리에서 과제 업무 프로세스를 상의하고 자료를 수집해서 정리하여 발표한 내용을 추후에 1~2장으로 다듬어서 제출하도록 합니다. 그리고 그것으로 보고서, 발표, 참여도 등의 과정과 결과물을 평가하고 점수를 부여합니다. 학생들이 서로 어떻게 피드백을 주는지, 제가 준 피드백에 대해 포인트를 잘 잡아가는지 등에 대해서도 눈여겨 봅니다. 그렇다고 학생들이 기본적으로 외워야 하는 기초지식을 간과한 것은 아닙니다. 기본 지식을 쌓아야 사고를 할 수 있기 때문에 이러한 내용을 바탕으로 해서 응용한 문제를 중간고사와 기말고사에 반영하여 필기시험을 진행하고, 중간중간 퀴즈도 진행합니다.

학생의 관심과 목표를 저격하는 전략적 키워드 선정

같은 내용의 신문기사라 하더라도 제목을 어떻게 정하느냐에 따라 눈길이 가는 기사가 있고, 그렇지 않은 기사가 있다. 정유선 교수는 수업계획서에 올라오는 주제들과 학생들과의 수업 내용에 있어서도 키워드단어를 어떻게 선정할지에 대해 많은 고민을 한다. 왜냐하면 그것이 곧 학생들의 수업에 대한 관심으로 이어지기 때문이다.

> " 같은 내용의 수업이라 하더라도
> 그날 배울 내용의 표제어로부터
> 학생들의 관심도가 달라진다고 생각합니다. "

수업별로 다른 특징이 있으신가요?

이번 학기에는 '키워드로 읽는 한중문화비교론, 상명커리어스타트, 글로벌 경제 이해, 경제학입문' 등을 진행했습니다. 한중문화비교론은 이번 학기에 학생이 100명 정도였는데, 중국인 학생이 65% 정도 신청했습니다. 그래서 한국 학생과 중국 학생 이렇게 두 부류로 나누고 두 나라의 특징들을 비교하는 토론 중심의 수업으로 진행을 했습니다. 그런데 앞에서 말씀드린 대로 인원 수가 많은 관계로 1시간 정도 토론을 진행하고 2시간은 제가 강의를 했습니다.

상명커리어스타트는 중국인전용분반의 전공필수 교과목으로, 이번 학기에는 중국인 학생 90여 명이 신청했습니다. 이 수업은 지식 전달과 훈련을 목표로 하는 것이 아니라, 본교에 재학하는 중국인 유학생들이 본교를 통해 성공적인 한국유학생활과 체계적인 사회진출을 위한 준비 방향을 설계하도록 이끌어 주는 것이라고 생각합니다. 따라서 저는 수업시간에 학생들에게 자신의 삶과 진로, 주위 환경 등에 대해 매주 다른 주제로 과제를 주어 발표하고 토론하게 했습니다. 이 수업은 과제를 설명하는 교수의 강의가 1/5, 학생들의 워크수업이 3/5, 교수의 피드백이 1/5로 이루어졌습니다. 경제학입문은 중국인전용

반 전공기초 3학점 수업으로, 요일을 달리하여 2시간과 1시간으로 나누어 수업을 진행했습니다. 이 수업은 같은 교재를 한국어판과 중국어판 모두 사용했는데, 중국어판은 2시간 수업에, 한국어판은 1시간 수업에 사용했습니다. 매주 첫 2시간 수업에는 60분 동안 해당 주차에 배울 내용에 대해 매주 10~15개의 문제를 내어 팀별로 중국어판 교재를 오픈북으로 풀게 한 뒤, 40분 동안 팀별로 해당 문제에 대해 발표하게 합니다. 다른 요일 1시간 수업에는 해당 주차 수업 내용에 대해 강의하는 방식으로 수업을 진행했습니다. 글로벌경제의 이해 과목과 같은 경우에는 서양 경제와 중국 경제로 나누어서 팀티칭을 진행했습니다. 제가 맡은 부분은 중국 경제였는데, 중국과 중국인이라는 지역 특성상 경제 자체만 공부하기 보다 이를 여러 사회문화적인 요소와 연결지어서 맥락 안에서 중국경제를 이해할 수 있도록 하였습니다. 이 수업은 100% 강의로만 이루어졌습니다.

강의계획서를 작성하실 때 가장 고민하는 부분은 무엇입니까?

우선 콘텐츠를 가장 걱정하고 있고, 15주차마다 큰 주제들을 어떤 것들을 잡고 갈 것인가에 대해서 고민을 하고 있습니다. 그리고 학생들에게는 같은 내용이라 하더라도 표제어를 뽑아내는 것이 가장 중요하기 때문에 어떻게 매력적인 표제어를 만들까를 고민하게 됩니다. 예를 들어, 중국의 정치를 다룬다고 할 때 그냥 '중국의 정치'라는 표제어보다는 '중국의 오성홍기'라는 표제어가 훨씬 더 눈길을 끌게 됩니다. 정치라는 표현으로는 학생들 대부분 수업내용이 어떨 것이라는 것을 예상하기 쉽지만, 오성홍기라는 중국 국기명을 표제어로 제시하면 학생들은 중국 사회에 중국 국기를 왜 언급했는지 그 내용에 대해 호기심을 갖게 되고 어떤 내용일까 하는 궁금증을 가지기 때문입니다. 그래서 같은 내용의 수업이라 하더라도 그날 배울 내용의 표제어에서부터 학생들의 관심도가 달라진다고 생각합니다.

정유선 교수 수업의 키워드 선정 사례(키워드로 읽는 중국어 수업)

3주차: 오성홍기(五星紅旗)
- 공산당과 사회주의
- 문화대혁명과 천안문 사태

7주차: 샤오황띠(小皇帝)와 교육
- 중국의 인구정책
- 중국의 결혼제도
- 중국의 교육제도

9주차: 베이징과 상하이
- 지역문화
- 베이징(북방문화)
- 상하이(남방문화)

10주차: 중화민국(中華民國)와 타이완
- 중화민국과 타이완(같은 땅 다른 이름)
- 중국과 타이완과의 관계
- 중국의 통일정책

11주차: 화교와 회관
- 화교와 중화경제권
- 회관과 중국인 글로벌 인적 네트워크

12주차: 간체자와 한어병음
- 중국의 언어정책
- 한자의 간체자화
- 중국어의 병음화(발음기화와 표기법)

14주차: 한류와 한풍(漢風)
- 중국 대중문화
- 중국의 한류(유행하는 한국대중문화)
- 한국의 한풍(유행하는 중국대중문화)

질문과 토론을 통한
상생하는 지성을 갖춘 글로벌 인재 양성

대표적인 학습자 중심 교육이 '토론 수업과 협동 학습'이다. 자신의 이야기를 정교하게 다듬어 말하고 타인의 의견을 수용하는 과정에서 학습자들은 사고력을 확장하고, 의사소통 능력을 향상시킬 수 있다. 정유선 교수는 토론의 기회가 공정하게 주어지고 모든 학생들이 더불어 토론 실력을 향상하도록 한 번 이상씩 발표하도록 한다. 질의응답 등 상호작용을 유도함으로써 학생들이 서로 성장을 돕는 기회를 마련하고자 노력한다. 지나친 경쟁이 벌어지지 않도록 사전 준비가 가능한 과제를 내기보다는, 수업 시간에 바로 큰 과제를 제시하는 방식을 택했다.

사회의 빠른 변화에 적응하는 것을 넘어 이를 선도하는 '깊고 넓은 지성'을 갖추어야 글로벌 인재다. 창의성과 융복합을 위해 무엇보다 전공, 그리고 기본 소양, 생각을 정리해 말과 글로 표현하는 능력. 정유선 교수가 꼽는 미래 인재가 갖추어야 할 조건이다.

> 66 학생들은 제가 알려주기 이전에
> 발표하고 질문하는 과정을 통해
> 어떻게 하는 것이 더 나은지를 서로 배워갑니다. 99

수업에서 질문은 주로 교수님이 하시나요, 학생들이 하나요?

교수님들마다 다르겠지만, 저의 경우에는 발표 내용에 대해서는 제가 질문을 많이 하지는 않습니다. 토론이나 발표가 진행되고 나면, 오히려 학생들 간 질의응답을 진행합니다. 팀별로 토론과 발표를 진행할 경우를 예로 들어보겠습니다. 토론이 진행될 때에는 팀원끼리 토론을 하고, 발표를 할 때에는 다른 팀에서 질문을 하도록 합니다. 이 때 제가 고려하는 부분은 토론을 할 때에는 잘하는 사람만 계속해서 발언을 하는 것을 방지하는 것인데, 이것을 막기 위해서 순서를 만들고 한 사람씩 한번 이상의 발언을 필수적으로 하게끔 규칙rule을 정하는 것입니다. 저는 돌아다니면서 그 학생들이 실제로 토론을 하는지 살펴보고, 전반적인 분위기를 살펴봅니다. 처음에는 학생들이 부담을 갖기도 하고, 정말 하기 싫어하는 것이 보이는데, 계속 하다보면 나중에는 학생들 스스로 생각을 정리해서 말을 하고 질문하는 것에 익숙해지고, 그런 능력이 향상되는 것을 스스로 깨달으며 좋아하는 것 같습니다. 그리고 처음에는 학생들이 어떤 질문을 해야 할지도 몰라서 무조건 비평을 해서 수업이 거칠게 진행되는 것 같지만, 시간이 어느 정도 지나고 나면 학생들 스스로 질문을 잘하는 노하우가 생깁니다. 아무래도 학생들이 서로 발표하고 질문하는 것을 보면서, '저런 질문이 좋구나.', '저렇게 말하는 것이 좋구나.' 하는 것을 느끼면서 서로 배워가는 듯했습니다. 저도 이 시간 동안 학생들의 전체 활동과 내용을 유심히 지켜보면서 강의 내용을 다시 재조정합니다.

학생들 간 갭gap은 어떻게 조정하고 계시나요?

저는 학생들의 산출물이 다 똑같아야 한다고 생각하지 않아요. 결과물도 중요하지만, 워크수업을 하면서 중요한 건 주어진 시간 내에 주어진 문제나 질문들에 대한 답을 찾기 위해 탐색하고 즉각적으로 이야기를 하는 것들이기 때문입니다. 이는 학생들이 아이디어를 정리하고 자기 의견의 주제를 정해서 제대로 표현하는 훈련인거죠. 그리고 학생들은 그 과정에서 '다른 팀은 여기까지 했구나.', '왜 우리는 이것까지밖에 논의를 못했을까?', '그 팀은 어떻게 거기까지 했을까?' 등 자기평가를 통해 스스로 좀 더 좋은 결과물을 만들기 위해 고민합니다. 성적에 관심이 있는 학생이라면 여러 팀 가운데 강팀을 파악하게 되고 좀 더 혹독한 자기평가의 잣대를 만들어 보이지 않게 경쟁구도를 형성하게 됩니다. 그래서 경쟁이 과열되지 않도록 학생들이 사전 준비를 할 수 없게 수업 시작과 함께 비교적 큰 과제를 주기 때문에 학생들 간의 갭이 최소한 발생되도록 많이 노력합니다.

미래 인재 양성이라는 측면에서, 교수님은 대학교육에 어떤 변화가 있을 것이라고 생각하시고, 또 준비하고 계십니까?

저는 향후 대학교육이 급변하는 사회에 적응할 수 있는, 아니 더 나아가 이를 선도할 수 있는 '깊고 넓은 지성知性을 갖춘 글로벌 인재' 양성을 더욱 강화할 것이라고 예견해 봅니다. 이를 위해 크게 두 가지 방향으로 학생들을 지도하고 싶습니다.

첫째는 최근 들어 창의성이나 융복합 능력을 중요시하고 있는데, 새로운 자극이 오게 될 경우 자신의 전공이 탄탄해야 그것을 바탕으로 자신만의 혁신적인 아이디어가 나올 것이라고 생각합니다. 내·외부에 어떠한 혁명이 일어나고 있다 해도, 자신의 전공에 대한 기초가 튼튼하지 않으면 창의적인 것을 만들어 내고 구성하기는 쉽지 않다고 생각합니다. 그리고 자신의 전공뿐만이 아니라 기본 소양이 부족하다면 어떤 것과도 연결하기가 어렵기 때문에, 기본 소양을 갖추는 것이 융복합 진행과정의 기본 준비단계라고 생각합니다. 이러한 바탕 위에 유연한 사고와 소통능력이 더해진다면 진정 '깊고 넓은 지성을 지닌 미래의 인재'가 양성될 것으로 기대됩니다.

두 번째는 기본적으로 자신의 생각을 정리해서 말과 글로 표현하는 능력이 앞으로도 계속 중요할 것이라고 봅니다. 여기에서 가장 중요한 것은 자신의 지식을 토대로 창의적인 사고를 하고 이를 논리적으로 설득력 있게 전달하는 것입니다. 이러한 능력은 지금의 글로벌 시대에는 모국어 뿐 아니라, 외국어로도 가능해야 한다고 봅니다.

정유선 교수의 인터뷰 모습 ▬

포인트, 표현, 관심. 정유선 교수가 꼽은 본인의 수업을 상징하는 키워드이다. 지식이든 수업이든 과제든 포인트, 즉 핵심을 파악하고, 그 핵심에 대해 학생들이 각자 스스로 사고하고 정리해 올바르게 표현하면, 그 과정에서 정유선 교수는 끊임없이 학생을 자극하고 격려하며 이끌어 간다.

사고력은 질문을 통해 향상되며 연관 관계에 대한 생각이 더 중요하기 때문에, 정답을 요구하는 수업보다는 사고하는 데 도움을 주는 수업이 되고자 고민하는 것이다. 정유선 교수는 과제 자체보다도 어떤 결과물을 어떻게 산출했느냐가 더 중요하다고 강조한다. 이에 따라서 평가 방식도 변화해 발표 수업에도 참여도, 발표력, 사고력 평가가 포함되도록 유연히 바뀌었다.

정유선 교수는 직접 질문을 많이 하는 편은 아니며 학생 간 질의응답을 더 활발히 진행한다고 한다. 그러나 지나친 경쟁과 스트레스를 막고자 동료 평가를 진행하지는 않는다. 이처럼 끊임없이 어떤 방식이 학생에게 더 유용한지 고민하고 또 고민해 실행하는 정유선 교수는 토론에서 힘들어하던 학생이 핵심을 딱 잡아서 표현하는 그 순간 절로 신이 난다고 전했다. 전문 지식 전달이 아니라 사회생활과 업무에 활용할 수 있는 사고하는 방법을 전하고자 분투하는 정유선 교수다운 말이다.

정

동

화

CHUNG
DONGHWA

범부처 스포츠과학 R&D사업 기획위원
정부 생활체육 5개년 계획 집필 위원
2011년 상명대학교 부임
상명대학교 융합기술대학 최우수 교육상 12회 최우수상,
2회 우수상 수상
(현) 융합기술대학 스포츠산업학과 조교수
    (사)한국체육학회 국책과제 개발 TF전문위원

스포츠의
사회적 소명을
일깨워주는 교수

정동화 교수의 교과목은 '스포츠 조직 관리론, 스포츠 법과 정책, 스포츠 경영 및 행정론, 스포츠 서비스 운영관리론' 등 스포츠 사회학의 분야이다. 스포츠는 사회현상의 축소판이라고 한다. 정동화 교수는 스포츠의 맥락에서 인간의 사회행동의 법칙을 분석하고 내용을 전달하며 그 변화하는 양상들이 주는 시사점을 다양한 학술자료 및 영상자료를 통하여 학생들에게 가르침을 주려 노력하고 있다. 이러한 강의방법은 학생들로 하여금 '수업을 듣는 동안 몰입할 수밖에 없었다.', '쉽게 이해할 수 있도록 도와주셔서 감사하다.'라는 평가를 받고 있다. 또한 학생들에게 교수와 제자가 아닌 인간과 인간의 동등한 관계를 유지할 수 있도록 노력하고, 모든 학생들에게 명확하고 공정하게 대할 수 있는 방법에 대해 항상 고민하고 있다. 교육은 민주적 방식으로 행해져야 하며, 학생들이 자연스럽게 익혀야 할 스포츠맨십은 상대의 의견과 권리에 대한 고려, 예의, 공정성 등이 가장 기본적 속성이며 이러한 태도는 수업을 포함한 일상 속에서 내재화되어야 한다고 믿기 때문이다.

공정성과 명확성이 공존하는 강의

학생들은 애매모호한 수업을 선호하지 않는다. 항상 기준이 명확하고 모두가 공정한 대우를 받고 싶어 한다. 이러한 고민 속에서 교육의 본질을 기본으로 잘 가르치고 평가에 있어서는 명확한 기준으로 공정한 평가를 하기 위해 정동화 교수는 끊임없이 고민하고 있다. 한 학기 수업을 통해 학생들의 지식이 향상되길 바라고 더 보태어 인격적인 향상까지도 같이 성장해 가길 바라는 마음가짐을 바탕으로 수업에 임하고 있다.

> 66 학생들이 수업을 통해 질적으로 향상되고 있는가는
> 교수자에게 가장 중요한 문제입니다. 99

교수님에게 '좋은 수업'이란 어떤 것입니까?

제가 생각하는 좋은 수업이란 '학생들이 교과목의 본질을 명확히 이해할 수 있는 수업', '명확한 평가의 기준이 제시되는 수업'이라고 생각하고 두 가지가 잘 이행되면 그것이 바로 좋은 수업이 아닐까 생각합니다.

교수자로서 학생들에게 가장 중요한 것은 수업을 통해 질적으로 향상되어 가는 것입니다. 이러한 문제를 해결하기 위하여 4주간 수업 후 학생들에게 배운 내용에 대한 요약본을 제시하고 정독하도록 하는 방식을 적용합니다. 이것은 시험범위의 명확화와 핵심 내용을 확실히 인지하는 데 효과적입니다. 또한 학생들이 해당 과목에서 핵심적으로 인지해야 할 주제를 선정하여 논술과제로 제시하고 교수자와 학생이 이 문제를 함께 해결해 나가는 과정을 거칩니다. 이러한 방식은 학생의 문제해결능력과 논리능력을 증대시키며 교수자와 유대관계를 향상시키는 데 효과적입니다.

하지만 학생들은 대부분 평가고사에 초점을 맞추어 학습하려는 경향이 강합니다. 수업의 평가 기준이 무엇인지, 명확한 중간, 기말고사 범위는 무엇인지 대하여 매우 궁금해합니다. 그래서 오리엔테이션을 통해 세부 평가 요소별 기준을 명확히 제시하는 것이 중요합니다. 저는 중간, 기말고사의 범위, 출석, 지각기준과 감점 정도, 수업 참여도 평가기준, 과제 평가 기준을 객관화 하여 상세히 제시해 주고 있으며, 시험범위를 고사 3주전

에 공지해 주어 학생들이 고사에 대비할 수 있도록 합니다. 또한 기말평가 전에 개별적으로 학생들에게 중간고사 등위, 출석, 참여도, 과제 점수를 명확히 알려주고 평가 후 성적을 완전히 공개하여 공정성을 확보합니다.

한 학기 동안 수업을 진행하시면서 가장 중요하게 생각하는 부분은 무엇인가요?

가장 중요한 것은 수업준비라고 생각합니다. 학생들의 수업 성취도를 이끌어 내기 위해서는 체계적인 수업준비가 필요합니다. 주말이면 항상 다가올 수업에 대해 고민하며 '이 강좌에 적합한 교수 방법이 무엇인지?', '주 교재 이외 수업 성취도 향상을 위해 필요한 자료들은 무엇인지?'에 기준점을 두고 준비하고 있습니다. 과목별 요점정리서 작성, 수업자료 확보 및 재구성 등에 많은 시간을 할애하고 있습니다.

그 다음은 수업에 임하는 마음가짐인데요. 저는 교수자는 수업을 교육서비스 제공시간으로 인식해야 한다고 생각합니다. 이를 바탕으로 학생들에 대한 존중의식을 가져야 합니다. 학생들에게 권위적이고 통제적인 교수법을 적용하게 되면 진정한 마음을 얻기가 매우 어렵습니다. 또한 이는 수업 분위기와 성취도 향상을 저해하는 요인이 된다고 생각합니다. 그리고 덧붙여, 대학교육은 지식습득과 함께 학생의 인격향상에 많은 노력을 기울여야 한다고 생각하고 있습니다. 저는 수업 첫 시간에 학생들에게 학교와 학원의 차이점은 인성교육의 여부에 달려 있다고 말을 합니다.

천안캠퍼스 연구실에서 정동화 교수의 모습

비계^{scaffolding}부터 튼튼하게

건축에 있어서 기초를 튼튼하게 다져야 건물이 더 견고하고 더 높이 올라갈 수 있다. 이러한 관점은 교육에 있어서도 마찬가지이다. 각 학문의 기초 지식이 부족하다면 점점 심화되어 갈수록 이해도가 떨어지며 학습에 있어 흥미를 잃기 마련이다. 정동화 교수는 강의에 있어서 학습자들의 기초를 다지기 위해 적절한 매체를 이용하여, 어려울 수 있는 기본 개념들의 이해도를 높이는 방법을 사용하고 있다.

> **❝ 학생들의 학업성취도를 위해서는 모학문의 기초학습이 중요합니다 ❞**

수업설계에 있어 특히 중점을 두는 부분이 있으신가요?

'학업 성취도 향상을 위해서는 모학문의 기초 학습이 중요하다.'고 생각합니다. 체육·스포츠 학문 영역은 대부분이 타 학제와 연계되어 있습니다. 제가 지도하고 있는 '스포츠 법과 정책' 과목 또한 그 기반이 법학과 행정학의 영역인 만큼 학기 초기 이 영역들에 대한 기초 이론 학습을 철저히 진행하고 있습니다.

두 번째로 적절한 교육 자료의 제공입니다. 학생들의 학업 성취도 향상을 위해 수업 1주 전부터 준비과정을 거쳐 각종 매체를 통한 사례를 구체적이며 체계적으로 제시해 주고 있습니다. 실제로 학생들의 이해도 향상에 큰 도움이 되고 있습니다. 이러한 방법은 데일의 경험의 원추Cone of Experience를 참고했습니다. 흥미있고 새로운 사례들을 제시함으로써 학생들이 이해하기도 쉽고 또 학습동기도 높일 수 있다고 생각합니다.

마지막으로 전공 교과목 운영 시 각 교과목 성적평가에 반드시 학생 개개인의 논리 능력에 대한 부분을 포함시킵니다. 수업기간 동안 분야 사회적 이슈를 논술 주제로 제시하고 학생과 교수자가 함께 문제를 해결해 나가며 기말평가에 반영하는 방법을 적용합니다. 학생들은 입시 위주의 교육과 독서부족으로 이론수업 시 용어나 개념을 이해하는데 어려움을 겪습니다. 논리력을 향상시키는 것이 학생들이 사회로 진출했을 때 경쟁력의 핵심이 될 수 있다고 생각합니다.

Dale의 경험의 원추^{Cone of Experience}란?

Dale1969은 '경험의 원추cone of experience'라는 모형을 소개하면서 학습자들이 직접 참여하는 직접적 목적적 경험direct purposeful experience에서 학습자들이 수동적인 입장에서 매개를 통해 관찰하는 위치로, 그리고 학습자들이 시각적인 상징을 관찰하는 추상적인 단계로 발전시켰다

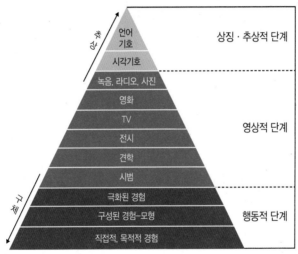

Dale의 경험의 원추 모형은 행위에 의한 학습, 영상을 통한 학습, 추상적 상징적 개념에 의한 학습으로 구분될 수 있으며, 이는 Bruner가 분류한 세 가지 학습경험, 즉 직접적 목적적 경험, 영상을 통한 경험, 상징적 경험과 일치한다.

Dale의 경험의 원추 모형에서는 시청각 교재가 제공하는 구체적 경험의 정도에 따라 교재를 분류하여 원추의 하부에서 상부로 올라갈수록 추상성이 높아지고, 상부에서 하부로 내려올수록 구체성이 높아지는 방법을 택하고 있다. 여기서 교재는 학습자의 지적 능력이나 경험에 맞추어 선택하는 것이 적절하고 따라서 반드시 원추의 맨 아래 단계인 직접적 경험부터 시작할 필요는 없다고 하였다.

수업을 운영하는 교수님만의 노하우가 있으신가요?

저는 전공교과목 4과목, 교양교과목 1과목을 담당하고 있습니다. '스포츠 법과 정책, 스포츠 서비스 운영관리론'은 PBL방식으로 운영하고 나머지 2과목은 강의중심으로 운영합니다. 강의중심 수업방식을 소개하면 다음과 같습니다. 전공 강좌는 대체적으로 총 5단계로 이루어지는데 '기초 이론 학습 – 요점 정리 학습월간 – 사례학습상시 – 논술과제 해결 – 고사 요약정리 및 복습고사 요약 PPT 제공'의 순서입니다. 대체적으로 마지막 단계인 '고사 요약정리' 시간을 통해 학생들의 수업 성취도가 많이 향상됩니다. 고사범위와 강좌의 핵심 내용을 인지시키는데 매우 필요한 과정입니다.

교양수업인 '스포츠 빅이벤트의 이해'는 평균적으로 90명 정도가 수강하는 대형 강좌입니다. 스포츠 관련 교과목은 성별, 전공별에 따라 많은 편차가 존재하는 교과목이기 때문에 이러한 문제점 해결을 위하여 여러 가지 방법들을 시도해보고 있는데요. 소개하자면 다음과 같습니다.

- 사전에 제시된 평가 준거 및 방침 적용
- 성차 및 전공 여부를 고려한 고난이도의 스포츠 경기 기술, 규칙, 전술에 대한 고사문제 출제 지양
- 고사 요약본 PPT 제공 및 별도의 시간을 활용한 그룹별 학습 진행
- 비전공자의 이해도를 고려한 중간고사 시행 시기 조정
- 학생들의 흥미증진을 위한 프로스포츠 지도자 및 선수의 현장실습 진행(재능기부형)

지금까지 학습한 내용에 대하여 요약해 봅시다.
여러분들의 생각의 전개를 설정해 봅시다.

나는 수강신청을 하긴 했는데 스포츠란 것이 무엇인지에 대해 추상적으로 생각해 본 적 밖에 없어. 그래서 이 수업이 매우 어려울 거라 생각해. 아… 어떡하지?

첫 수업에서는 스포츠학에 입문하기 위해 <u>운동(신체의 조작적 움직임), 스포츠(운동의 행위에 경쟁성, 규칙성, 흥미를 가미한 행위), 체육(신체를 통한 교육), 여가(일 이외의 시간, 의미적 개념), 레크리에이션(여가의 발현적 개념)의 개념적 정의</u>를 배웠어. 들어 보니 모두 우리가 알 수 있는 내용들이었어. 예를 들면, 고등학교 때 체육시간에 선생님이 농구공 주고 놀라고 한 적이 있는데, 그 체육시간에 경쟁성, 흥미, 규칙성을 갖춘 농구란 스포츠를 했으니 체육, 스포츠 개념상 둘 다 성립한 거지. 근데 과연 체육선생님이 농구공을 던지고 놀라고 한 건, 개념 정의상 스포츠에만 해당되지! 왜냐 체육선생님은 교육행위를 하려 하지 않았으니까!

이건 한국 체육교육의 문제점이기도 해. 고1때만 체육수업을 하고, 2학년~3학년 때는 유명무실해지지. 그럼 청소년 체육의 중요성에 대한 인지사회성은 당연히 떨어져 성년기에 접어들게 되겠지. 그럼 어떻게 될까? 국가적으로도 손실이겠지?

또한 나는 <u>역사적 관점에서의 스포츠학의 역할변동</u>에 대해서도 배웠어. 1990년 이전까지 세계가 수많은 전쟁과 민족, 이념주의를 거치면서 매우 위험한 국면에 놓여 있을 때, 스포츠를 즐길 여유가 있었을까? 말도 안 돼. 단지 국민통제수단으로써 체육이 필요했겠지. 그러니까 우리나라도 그 지겨운 조회시간에 하는 <u>국민체조</u>라는 게 탄생한 거야. 그나저나 독일 히틀러의 잘못된 생각들 때문에 그 여파가 지금까지 온다는 게 참 무섭단 생각이 들어. 그러니까 <u>사람들의 성찰이 반영되는 인문학은 매우 중요한 거</u>군! 왜냐 다시는 이러한 일이 없어야 하니까.

또한 1988년에 우리나라에서 올림픽이 열리게 되어, 서양문화가 막 들어오는 거지. 그러니까 사람들은 생활, 인식수준이 높아져서 당연히 자기 건강을 생각하는 생활체육에 관심을 갖게 되겠지. 왜냐? 운동을 해서 생기는 상쾌한 느낌을 사람들이 아니까. 이후 1989, 1990에 연달아 중국, 소비에트의 공산주의가 붕괴돼. 그러니까 사회체제로서 민주주의, 경제체제로서 자본주의를 이념으로 삼는 강대국 미국의 힘이 더 강해지겠지. 그러니 <u>스포츠에서도 자본주의의 논리가 자연히 주입되고</u>…〈후략〉…

━━━ 월간 요점 정리 학습 예시

百聞백문이 不如一見불여일견

옛 속담에 '백 번 듣는 것보다 한 번 보는 것이 낫다.'라는 속담이 있다. 이 말을 교육적으로 풀이해본다면 텍스트로 이해시키는 강의보다는 실제 사례, 직접 참여해보는 방법과 텍스트를 함께 적용하며 학생들에게 제시를 해준다면 보다 높은 참여도, 이해도를 성취할 수 있을 것이다. 이는 정동화 교수가 활용하고 있는 데일의 경험의 원추와도 일맥상통한다고 볼 수 있다. 이 방법은 결국 학문의 기초가 되는 개념을 이해시키고, 전공자들에게는 더 높은 수준으로 확장 심화 시킬 수 있는 계기가 되고, 비전공자들에게는 더욱더욱 쉽게 타 전공에 대한 이해 수준을 높일 수 있다.

❝학생들이 자신이 학습한 이론과 사회현상과의 개연성을

깨달을 수 있도록 도와주어야 합니다❞

개념을 설명할 때 학생들의 이해도를 높이기 위한 방법이 있으신지요?

연구실에서 정동화 교수의 모습

전공 수업 시에는 학생들의 쉽고 명확한 이해를 위하여 핵심 이론들을 PPT로 정리하여 미리 e-campus를 통해 제공하여 학생들이 언제든지 확인할 수 있게 도움을 줍니다. 또한 최근 이슈들을 중심으로 한 사례들을 수집 및 편집하여 제공함으로써 학생들이 학습내용의 실제 적용을 경험하며 스스로 문제를 해결해 나갈 수 있도록 한 가지 주제를 주고 논술과제를 하도록 하고 있습니다. 이러한 논술과제 제시는 기말평가의 문항이기도 합니다. 결과적으로 이론

학습, 논술과제 제시 및 발표, 토론, 사례학습 위주로 수업을 전개하고 있으며 비중은 이론학습 30%, 논술문제 해결 20%, 토론 20%, 사례학습 30% 정도입니다.

교양수업에서는 주 단위별로 한 가지 주제를 가지고 사례학습을 하고 내용을 상세히 설명하는 방식을 취하고 있습니다. 특히 스포츠에 대한 이해도가 부족한 학생들을 위해 고수준의 기술, 규칙, 전술 중심의 설명보다는 5대 스포츠의 빅 이벤트 현황, 최근 이슈, 경기관전방법 등을 중점적으로 보여줌으로써 흥미를 유발하고 있습니다. 또한 학생들의 이해를 돕기 위해 상시적으로 퀴즈를 제시하고 학생들과 함께 해결하는 과정을 진행하고 있습니다.

학생들의 참여도를 높이고 성취도를 향상시키기 위하여 다수의 학술자료와 영상자료를 활용합니다. 제가 지도하는 교과목 모두 인문사회학 분야이기 때문에 사회적 이슈들을 함께 분석하고 학습한 이론의 내용이 왜 필요한 부분인지를 인식케 하여 줍니다. 또한 이것을 논술 과제화 하여 오랜 시간을 두고 교수자와 학생이 의견교환을 하면서 문장을 작성하게 합니다. 이러한 방식이 학생 스스로가 자신이 학습한 이론과 사회현상과의 개연성을 깨닫게 하는 효과를 얻지 않을까 기대하고 있습니다.

교양수업인 '스포츠 빅이벤트의 이해'는 성별, 전공, 비전공 여부에 따른 이해의 편차가 매우 큰 강좌입니다. 저는 첫 오리엔테이션 시간에 학생들에게 '이 강좌는 여러분들이 스포츠 이벤트를 접함에 있어 보다 흥미로움을 주기 위한 강좌이니 편안한 마음으로 수강하고 중간고사는 조금 늦춰서 시행할 수도 있다.'라고 이야기합니다. 교양강좌의 취지는 학생의 전인적 인격형성에 있습니다. 전공교과에서의 긴장감을 떨쳐내고 즐겁게 수업에 참여할 수 있는 분위기를 조성해주는 것이 수업 성취도 향상에 절대적이라고 생각합니다. 또한 스포츠가 주는 즐거움을 극대화 시킬 수 있는 동영상 자료와 기록들을 편집하여 학생들의 이해력을 상승시키려 노력합니다. 또한 기회가 되면 해당 분야의 전문가를 초빙하여 학생들을 함께 지도하는데요. 프로농구 감독을 초청하여 농구 기술 실습을 한다거나, '스포츠 법과 정책' 수업에서는 변호사를 초청하여 법의 체계에 대한 강의를 진행한 적이 있습니다. 이러한 방법들은 학생들의 수업 참여도를 매우 향상시킵니다.

━━━ 평창 동계 올림픽 여자 팀추월 8강전이 왜 이슈가 되었는지에 대한 이해를 돕기 위한 국내·외 동영상 자료

공정성을 확보하기 위해 평가결과를 공개한다고 하셨는데 어떤 방법을 사용하시는지요?

우선 평가와 관련하여 몇 가지 사례들이 생각납니다. 스포츠 빅이벤트 시험 유의 사항을 설명하는 시간이었습니다. 학생들에게 '성격이 다른 것을 고르시오.'라는 문제가 객관식 유형으로 출제될 수 있으니 학습할 것을 공지하였습니다. 그러나 강의평가에서 일부 학생들이 문제의 모호성에 대한 의문을 제기하여 학생들에게 공지 시 유의사항을 주었던 부분에 대하여 상세히 설명해준 적이 있습니다.

2012년 실기과목인 '스쿼시 수업'도 생각나네요. 실기교과목의 성적평가는 학생들의 불만이 상당히 많습니다. 원래 그 교과목의 수행도가 고수준인 학생이 A이상을 부여 받아야 하는지? 노력의 결과 수행도가 월등히 높아진 학생이 A이상의 학점을 부여 받아야 하는지에 대하여 매우 고민스러웠습니다. 그래서 리그전 시행, 실기 수행도 평기, 이론시험의 세 가지로 평가를 시행하였고 성적은 모두 공개하였습니다. 자연스럽게 기말고사 실기 수행도 평가 전 학생들이 자신의 성적 등위가 어느 정도 위치에 있는지를 인지하였고 자신이 기말고사를 잘 치러도 A등급을 부여 받을 수 없다고 생각한 학생이 돌발적으로 라켓을 집어 던지고 나가버린 경험이 있습니다. 그 학생은 자신이 월등한 실기능력을 가졌는데도 이론평가, 결석으로 인한 리그전 불참 및 출석 수업 참여도 점수가 상대적으로 낮다고 B등급 이하를 부여받는 것이 납득이 안 되었던 것입니다. 엄밀히 말해 그 학생은 D학점을 부여해야 합니다. 학교는 인성교육의 장이기 때문입니다. 결국 이는 수업평가 분위기에 큰 영향을 미쳤으며 강의 평가에 크게 반영되었습니다. 이러한 평가에 있어서의 실패의 경험이 평가 기준에 대한 기준이 된 것이 아닐까 생각됩니다.

이렇듯 대부분의 학생들은 평가 기준에 매우 큰 관심을 가지고 있습니다. 저는 실패의 경험을 통해 평가를 위한 명확한 준거 제시가 매우 중요하다고 생각합니다. 그래서 고사 3-4주 전 PPT 요약본을 제시하면서 시험범위, 유형을 상세히 공지합니다. 이를 바탕으로 고사를 시행한 후 등위표를 작성하고 희망자에 한해 등위를 공개하는 방식을 취합니다. 시험에 대한 피드백은 중간고사 다음 주 강좌를 활용하여 상세히 설명하고 있으며 논술과제는 상시적으로 1:1 형태로 지도하고 있습니다.

학생들과 소통하는 강의

대학이란 학생들의 지식 향상에도 기여를 해야 하지만 졸업 후 사회로 진출해서 갖추고 있어야 할 기본 인성의 교육도 필요한 덕목이다. 정동화 교수는 항상 학생들을 인격적인 존재로 대해주고 개개인을 존중해주며 학생들과의 교감 및 소통을 지향하고 있다. 이는 학생들로 하여금 본인이 존중 받고 있다는 느낌과 함께 교수님을 존중하는 마음을 자연스럽게 익히도록 한다. 교수와 학생이 서로 존중할 때 서로 교감이 이루어져 믿음으로서 연결되고 자율적인 학습 태도를 갖추게 된다.

학생들과의 교감을 위해 특별히 신경쓰시는 부분은 무엇입니까?

학생들은 교수자의 성실성, 약속이행 여부, 시험과 평가의 공정성과 명확성에 매우 민감하다고 생각됩니다. 제 개인적 소견으로는 학생을 동등한 성인으로 간주하고, 어떻게 해서든 약속을 이행하려는 마음가짐이 반드시 학생들에게 전달된다고 생각합니다. 그리고 학생 각각의 이름을 기억하는 것도 중요합니다. 그렇기에 저는 학생들의 이름을 외우기 위해 출석방식을 호명식으로 합니다. 학생들은 교수자가 학생 자신의 이름을 인지하고 있는지에 대하여 생각보다 매우 민감한 것 같습니다. 전공수업보다는 타 학과 학생들이 다수인 교양수업에서 학생들과의 교감을 위하여 이러한 노력은 중요한 부분이라고 생각합니다.

학생들이 성장해가는 모습은 교수자로서 큰 기쁨인 것 같습니다. 학기가 끝나고 학생들이 '이 수업을 위해 정말 많은 노력을 했고 원하는 성적도 얻었고 또 할 수 있다는 자신감도 얻었다.'라고 말해주었을 때 교수자로서의 보람을 가장 많이 느꼈습니다. 앞으로도 학생들을 존중하고 그들의 인성교육을 최우선으로 생각하는 교수자로서 노력하겠습니다.

"수업을 듣는 동안 몰입할 수밖에 없었습니다. 쉽게 이해할 수 있도록 도와주셔서 감사합니다."

"수업에 대한 준비를 많이 하시고 열정이 높으신 게 느껴지는 수업입니다."

"기초가 되는 이론, 원론적 개념들을 중심으로 수업하셔서 학문적 지식이 향상되었습니다."

"계획적이고 체계적이어서 좋았습니다. 이해바탕의 수업 너무 좋았습니다."

"스포츠에 대한 유익한 정보를 많이 알려주시고 알기 쉽게 설명해주십니다. 영상을 보는 것도 이해에 도움이 되었습니다."

"매우 열정적인 강의, 성적 형평성을 위해 시험문제를 따로 내주신 것도 감사했습니다."

"학생들을 배려해주시는 모습 좋았습니다."

"너무 재미있고 유익한 수업이었습니다."

"수업의 질이 높다고 생각합니다. 교수님의 포스가 남다르지만 학생들을 많이 챙기시고 배려해주십니다. 대학 와서 '아, 이게 진짜 대학수업이구나.' 했던 첫 번째 수업이었습니다."

스포츠를 배운다는 것은 단순히 몸만을 움직여 하는 운동이 아니라 그 안에서의 규칙, 더 나아가 법 그리고 조직관리, 운영이라는 다양한 인문 사회학적 내용을 복합적으로 분석하고 규명한다는 것이다. 흔히 우리는 스포츠를 게임이나 오락처럼 너무 단순하게 생각한다. 두 게임 연속 9회 말에 홈런을 허용한 우수 투수가 그 다음 경기부터 다시는 볼을 던질 수 없었고 결국 은퇴했다는 사례에서 우리는 인간의 정신력, 집중력, 심리적 위축 등의 요인들이 왜 발생하는지, 얼마나 영향력을 발휘하는지, 어떻게 하면 심리적 요인의 부정적 영향을 최소화하여 최상의 수행을 이끌어낼 수 있는지 다양한 기술과 시사점을 발견할 수 있다. 정동화 교수는 이와 같은 생생한 사례들로 학생들에게 스포츠의 기초 개념부터 시작해 자신에게 적용할 수 있는 심화내용까지 포함하여 수업을 구성하고, 학생 개개인의 특성에 따라 다양한 방법으로 이해시키려 노력한다. 또한 학생들에게 항상 명확한 기준을 두고 어느 누구에게 편향되지 않게 공정성을 기하고 있다. 교수자의 중요한 역할은 학생들이 미처 인식하지 못하고 있는 중요한 현상에 대해 관심을 불러일으키고 그 현상을 제대로 볼 수 있는 안목을 키워주는 것이다. 정동화 교수의 수업을 통해 학생들은 스포츠의 진정한 의미를 배우고 있다.

이 책에서 소개된 교수 열네 분 모두 나름의 교육철학과 다채로운 교수-학습 전략, 수업운영방식을 가지고 있었다. 이처럼 '좋은 강의'에 대한 정의는 저마다 다른 모습으로 그려질 수 있다. 같은 교수자의 강의라 하더라도 교과목의 특성에 따라, 시대의 변화에 따라 좋은 강의가 되기 위한 노력의 방향은 조금씩 달라질 것이다.

하지만, 그럼에도 불구하고 학생들의 마음을 울리고 많은 공감을 얻은 상명대학교 14인의 강의에는 다음과 같은 네 가지 공통점이 존재했다. 그 공통점은 '① 뚜렷한 목표와 목표를 달성하기 위한 체계적인 단계를 설정해주는 수업, ② 학생들의 사고능력과 문제해결력을 길러주기 위한 다양한 방법을 활용하는 수업, ③ 학생들의 눈높이에서 공감과 소통을 이끌어내는 수업, ④ 높은 학습동기를 촉진하는 수업'이라는 것이었다.

명확한 목표와 목표를 향한 적절한 과정

14인의 교수는 학기 초에 뚜렷한 학습목표를 알려주고, 이를 달성하기 위한 단계들을 강의 내용 뿐 아니라 수업 내외에서 학생들이 진행하는 학습활동 안에서까지 체계적으로 제시하였다. 또한 나무와 숲을 함께 볼 수 있도록 하여, 전체 1~4학년 동안 배우게 되는 범위와 해당 학기에 배우게 되는 범위, 그리고 각 수업마다의 학습단계를 학생들 스스로가 수시로 확인하도록 하였다는 공통점이 있었다. 서은숙 교수, 신동하 교수, 오은정 교수, 이전익 교수, 오세원 교수 등은 학기 초에 한 학기 동안 학생들이 배우게 되는 내용과 각 과제, 시험에 대한 청사진을 명확하게 제시해 준다. 그래서 학생들이 학습을 할 때 중점적으로 다루어야 하는 것들을 사전에 숙지하도록 하고, 그에 맞추어 학습이 진행될 수 있게끔 학습과제나 프로젝트를 설계하였다. 또한 평가기준을 명확히 제시하고 공유함으로써 학생들이 학기가 끝난 이후에 자신의 점수에 의문점을 갖기보다는 스스로 부족한 부분을 확인할 수 있도록 해주고 있다. 좋은 수업에는 일관성이 있었다. 즉, 명확한 학습목표가 있고, 학생들이 학습목표를 달성할 수 있도록 적절한 방법들을 활용하고, 제시된 학습목표의 달성 여부를 확인하는 평가 간의 일관성이 유지될 때 학생들은 효과적으로 학습을 할 수 있다.

한 학기 학습내용에 대한 목표제시 뿐 아니라 상당수의 교수들은 전공 전체에서 학생들이 알아야 하는 내용들과 현재 자신이 수강하는 강의와의 관계를 이해하도록 함으로써 보다 큰 학습내용의 틀을 이해하고, 그에 맞는 학습목표를 설정할 수 있도록 도와주었다. 특히 오은정 교수, 이전익 교수, 김용훈 교수는 임용고시, 행정고시 등의 시험을 보아야 하는 특수성을 고려하여 학생들이 꼭 알아야만 하는 지식들을 집대성하고, 이에 대한 학년별, 과목별 체계를 고려하여 학생들이 각 단계에서 무엇을 배우고 있고, 어디까지 배워야 하는지에 대해서 매번 확인할 수 있도록 해주었다. 또한 오세원 교수 역시 각 전공 교과목들의 일정한 규칙과 목표를 연결하여 마치 퍼즐처럼 체계적으로 연결하고, 전공에 대한 전체적인 그림을 그리면서도 세부적인 영역에 대한 이해를 할 수 있도록 도와준다. 이렇듯 14인의 교수들은 나무에서 숲을, 숲에서 나무를 볼 수 있는 눈을 키워주고자 노력하고 있었다.

사고력과 문제해결력을 길러주기 위한 다양한 방법의 활용

14인의 교수들은 학생들의 사고능력과 문제해결력을 길러주기 위하여 다양한 방법들을 활용히였다. 깅의식 수업이라 할지라도 학생들 스스로가 고민하고 풀어볼 수 있는 문제들을 다양하게 제시하고 그 사고의 깊이를 더할 수 있도록 해주었다. 또는 다양한 프로젝트나 학습과제를 활용하여 학생들이 한 학기 동안 학습하는 내용을 직접 활용하고 응용할 수 있도록 하여 학생들의 문제해결력을 길러주고자 하였다. 새로운 시대에는 정보가 없어서가 아니라 많은 정보들 속에서 학생들이 문제를 해결하는 데 필요한 정보들을 선별하고 가공할 수 있는 눈과 능력을 갖춰야만 하는데, 이런 능력을 향상시켜주기 위해서 14인의 교수들은 학생들이 주도적으로 정보를 탐색하고, 선별하고, 활용할 수 있도록 해주었고, 학생들은 학업과정에서 자기주도적으로 학습하는 능력을 키우는 것은 물론 자신의 역량과 정체성, 자신의 위치를 파악할 수 있는 성찰의 능력을 갖출 수 있었다. 특히 서은숙 교수와 한혁수 교수, 허영 교수는 수업이 학생들에게는 사회로 나아가는 통로이기 때문에 그만큼 철저히 실무와 사례 중심으로 수업을 진행하고자 했고, 학생들의 사고력이나 문제해결력을 향상시켜주기 위해 직업세계에서 고민하는 문제들을 하나의 프로젝트로 수업 안으로 가져와 학생들이 직접 해결해 볼 수 있도록 하였다. 학습은 해당 지식이 속해 있는 상황과 별도로 존재하는 것이 아니라 그 지식이 속한 사회문화적 맥락 내에서 존재하게 된다.1 즉, 자신이 속하게 될 그룹에 따라 지식에 대한 정의와 문제해결의 과정이 다를 수 있다는 점을 수업에 반영할 필요가 있다. 특히 허영 교수는 4차 산업혁명시대의 창의융합형 인재 양성을 위해 인문학적 소양과 IT적 소양을 함께 향상시킬 수 있는 특별한 프로젝트 기반 수업을 만들기 위해 노력하고 있다. 이지영 교수 역시 끊임없이 학생들이 진로와 관련 있는 과제를 선정하고 수행할 수 있도록 하였고, 강의와 과제가 유기적으로 연결될 수 있도록 하였다. 강상욱 교수는 특히 과제와 평가에서 학생들이 배운 내용을 바탕으로 새로운 아이디어를 창출하지 않으면 해결할 수 없는 문제들을 제시함으로써 학생들이 깊이 있게 사회를 통찰할 수 있도록 유도하였다. 즉, 전문지식의 전달 그 자체도 중요하지만, 수업을 통해 학생들이 자신이 배우는 지식들을 삶과 연결하여 자발적으로 학습할 수 있는 역량을 키워나갈 수 있도록 도와주고자 한 것이다.

학생들과의 공감과 소통

교육은 결국 교수와 학생이 형성하는 관계 속에서 이루어진다. 하나의 인간관계와 마찬가지로 강의는 학생들에게 더 즐겁고 행복한, 유익한 관계가 되어야만 하고, 공감과 소통은 그러한 관계의 첫 단추가 될 것이다. 14인의 교수들은 아무리 학생들의 수가 많아도 학생 한 사람, 한 사람의 이름을 외워 부르고, 학생이 지금 현재 어떤 학습 상황에 놓여 있는지 끊임없이 확인하고 체크해주고자 하였다. 그리고 같은 강의라 할지라도 학생들의 눈높이가 다 다르다는 것을 인식하고 이에 맞게 학생들을 대해주고자 많은 노력을 기울

---

1 Brown, J. S., Collins, A., & Duguid, S. (1989). Situated cognition and the culture of learning. *Educational Researcher*, 18 (1), 32–42.

였다. 강의실에 들어오는 학생들의 사전 지식과 관심사 등을 확인하고, 학생들의 눈높이에 맞게 수업을 개발하고, 열린 마음으로 학생들과 소통하려고 하였다. 단순히 웃고 즐기는 수업이 아니라, 어렵고 다가가기 힘든 수업내용이지만 학생들의 눈높이에서 충분히 다가갈 수 있도록 가공을 해주기 위해 노력하였고, 어렵지만 해내야 하는 것들에 대해서는 충분한 조력과 동기부여를 해주고자 노력하였다. 또한 수업이 끝난 이후에도 학생들이 언제든 찾아와 학업문제에 대한 고민을 털어놓을 수 있도록 교수-학생 간 신뢰의 관계를 형성하고자 하였는데, 이렇게 학생 개개인을 애정과 관심으로 살펴보아주는 교수자의 모습 속에서 학생들은 교수님에 대한 고마움을 느꼈을 것이다.

　강상욱 교수와 김용훈 교수, 오세원 교수, 이승택 교수는 딱딱하고 어려운 화학과 법학을 우리가 살아가는 실생활과 연결하여 친숙하고 재미있게 설명하고 있다. 실제로 학생들이 삶의 현장에서 부딪히고 있는 다양한 사례들을 통해 낯설고 어려운 학문을 그들의 눈높이에서 쉽게 풀어내기 위해서 노력한다. 여기서 중요한 것은 수업의 난이도를 낮춘다는 의미가 아니라 학생들에게 친숙한 것으로 풀어내어 준다는 것이다. 친숙한 것들을 통해 수업내용에 대한 공감대를 가지고 조금씩 화학의 눈으로, 그리고 법학의 눈으로 세상을 바라보고 해석할 수 있는 통찰력을 일깨워주고자 하였다. '학생들이 성장하는 모습을 함께 지켜보는 것이 교수자로서의 큰 기쁨이다.'라고 한 정동화 교수는 학생들과의 존중과 믿음의 관계가 자율적인 학습태도로 이어진다고 보았다. 학생들에게 '언제든 나를 소환할 자격이 있다'고 말하는 서은숙 교수는 목표, 학습, 평가 기준에 이르는 전 과정에서 학생들과 깊은 상호작용을 한다. 김용훈 교수와 오은정 교수 역시 학생들의 이름을 모두 외우고 강의를 얼마나 잘 따라오고 있는지를 수시로 체크하여 학생들과의 활발한 상호작용을 이어나간다. 늘 친절하고 웃는 얼굴로 학생들을 대하는 이지영 교수와 정유선 교수는 학생들에게 도움이 되는 수업을 만들기 위해서 학생들 스스로 수업에서 목표를 설정하고 이것을 달성할 수 있는 방법들을 함께 논의한다. 또한 학생들이 마음을 열고 다양한 질문을 할 수 있도록 수업 분위기를 조성하기 위해 많은 노력을 한다. 이렇게 충분한 공감을 거쳐 소통하면서, 우리 학생들은 교수자가 전달하고 싶은 이야기에 더욱 귀를 기울일 뿐만 아니라 자신의 필요에 의해 스스로 학습하는 적극적인 학습자로 성장하고 있다.

높은 학습동기 부여

마지막으로 14인의 교수들은 학생들의 강한 학습동기를 촉진하기 위해 다양한 방법들을 시도하고 있었다. 때로는 학과 선배의 입을 통해, 때로는 희망진로와 관련이 있는 실무자의 입을 통해 미래를 준비하는 대학생으로서 학습을 어떻게 해야 하는지에 대해서도 많은 이야기를 나누며 학생들이 동기부여될 수 있도록 하였고, 졸업 후에 당면하게 되는 많은 고민들과 진로 등을 고려하여 학생들의 입장에서 이해가 될 수 있게 왜 이 지식이 필요한 것인지, 왜 지금 어려울 수밖에 없는지, 더 필요한 것은 무엇인지를 공감하고 공유하고자 했다. 신동하 교수와 한혁수 교수, 서은숙 교수는 학과 졸업생들이 직접 학생들과 소통할 수 있는 자리를 종종 마련하였다. 학습동기는 나와의 관련성이 높을 때 유발된다.2 특히 나의 목표와 수업의 목표 간의 일치가 이루어질 때 더 높은 동기를 기대할 수 있다. 예를 들면, 신동하 교수는 현재 학생들이 취업하고 싶어 하는 기업에서 일을 하고 있는 학과 선배들의 셀프 동영상과 Q&A활동 등을 통해 학생들이 자신이 배우고 있는 전공지식이나 대학생활에 대해 점검하고 스스로 성찰할 수 있는 기회를 제공해주었다. 류현승 교수는 학생들이 자신의 삶을 만들어 가는 과정에서 대학교육이 갖는 의미를 되새겨주고자 하였으며, 학습이 결국 자신과 사회를 만들어가는 과정임을 인식하도록 함으로써 높은 학습동기를 유발하고자 하였다.

언뜻 보기에, 열네 분의 교수님들의 강의 특징들을 모두 담아내기에는 위의 네 가지 특징이 다소 평범하게 느껴질 수도 있고, 열네 분의 강의 역시 위의 특징을 모두 다 한꺼번에 보여주고 있지는 않다. 하지만 각 수업을 자세히 들여다보면, 앞서 네 가지 요소를 더 많이 보여주고자 하는 노력과 각 요소들을 더욱 두드러지도록 하기 위한 차별적인 노력들이 분명 존재하고 있다.

물론 교과목의 특성에 따라, 교수자의 특성에 따라 강의의 모습은 다른 모습이어야 하겠지만, 그 다름 속에서 학생들에게 더 큰 감동을 줄 수 있도록 각 사례의 장점들을 활용하여 긍정적인 변화를 시도해볼 수 있을 것이다.

모든 교수자는 자신만의 강의 철학, 그리고 성공적인 강의 경험을 가지고 있을 것이

---

2 Keller, J. M. (2010). *Motivational design for learning and performance: The ARCS model approach.* New York: Springer.

다. 이미 많은 교수자들은 앞서 말하고 있는 특징들을 아우르고 있는 자신만의 노하우가 있을 수도 있다. 하지만 이번 인터뷰는 현재 시점에서 학생들에게 조금이라도 더 감동으로 다가갈 수 있는 핵심 요소가 무엇인지를 살펴보고자 하였다. 앞으로 각 교수자가 쌓아둔 강의의 경험에 위의 핵심 요소들을 더하여, 우리 학생들 모두가 감동할 수 있는 수업이 더 많아지길 기대해 본다.

교수학습개발센터장 **이 현 우**

상명대학교 14인의 교수가 말하는
감동을 주는 수업

초판발행   2019년 1월 25일

편저자   상명대학교 교수학습개발센터
펴낸이   안상준

편 집   배근하
기획/마케팅   이선경
표지디자인   김연서
제 작   우인도·고철민

펴낸곳   ㈜ 피와이메이트
            서울특별시 금천구 가산디지털2로 53 한라시그마밸리 210호(가산동)
            등록 2014. 2. 12. 제2018-000080호
전 화   02)733-6771
f a x   02)736-4818
e-mail   pys@pybook.co.kr
homepage   www.pybook.co.kr
ISBN   979-11-89643-44-7   03370

정 가   15,000원

박영스토리는 박영사와 함께하는 브랜드입니다.